Christoph Ramstein

Zwischenfälle

Christoph Ramstein

Zwischenfälle

Alttestamentliche Worte - ausgelegt für die Gemeinde

Fromm Verlag

Impressum/Imprint (nur für Deutschland/ only for Germany)
Bibliografische Information der Deutschen Nationalbibliothek: Die Deutsche Nationalbibliothek verzeichnet diese Publikation in der Deutschen Nationalbibliografie; detaillierte bibliografische Daten sind im Internet über http://dnb.d-nb.de abrufbar.
Alle in diesem Buch genannten Marken und Produktnamen unterliegen warenzeichen-, marken- oder patentrechtlichem Schutz bzw. sind Warenzeichen oder eingetragene Warenzeichen der jeweiligen Inhaber. Die Wiedergabe von Marken, Produktnamen, Gebrauchsnamen, Handelsnamen, Warenbezeichnungen u.s.w. in diesem Werk berechtigt auch ohne besondere Kennzeichnung nicht zu der Annahme, dass solche Namen im Sinne der Warenzeichen- und Markenschutzgesetzgebung als frei zu betrachten wären und daher von jedermann benutzt werden dürften.

Coverbild: www.ingimage.com

Contact:
International Book Market Service Ltd., 17 Rue Meldrum, Beau Bassin, 1713-01 Mauritius
Website: www.bookmarketservice.com
Email: info@bookmarketservice.com

Gedruckt in: USA, UK, Deutschland. Dieses Buch wurde nicht in Mauritius produziert.

Imprint (only for USA, GB)
Bibliographic information published by the Deutsche Nationalbibliothek: The Deutsche Nationalbibliothek lists this publication in the Deutsche Nationalbibliografie; detailed bibliographic data are available in the Internet at http://dnb.d-nb.de.
Any brand names and product names mentioned in this book are subject to trademark, brand or patent protection and are trademarks or registered trademarks of their respective holders. The use of brand names, product names, common names, trade names, product descriptions etc. even without a particular marking in this works is in no way to be construed to mean that such names may be regarded as unrestricted in respect of trademark and brand protection legislation and could thus be used by anyone.

Cover image: www.ingimage.com

Contact:
International Book Market Service Ltd., 17 Rue Meldrum, Beau Bassin, 1713-01 Mauritius
Website: www.bookmarketservice.com
Email: info@bookmarketservice.com

Printed in: U.S.A., U.K., Germany. This book was not produced in Mauritius.

ISBN: 978-3-8416-0217-6

Inhaltsverzeichnis

Vorwort

Liebe Leserin,
Lieber Leser,

Zwischenfälle kennen wir alle aus unserem Leben – aus unserem Alltag. Beispiele gibt es in Hülle und Fülle. Wir kennen *schöne* Zwischenfälle: eine aufstellende, überraschende Begegnung beispielsweise. Oder eine Traumstelle, von der man „zufällig" gehört hat. Oder vielleicht eine grosse Liebe, die wie ein Blitz einschlägt. Wir kennen aber auch *schwierige* Zwischenfälle: ein Unfall in den Ferien, der die darauf folgenden Wochen und Monate durcheinanderbringt. Oder ein aus heiterem Himmel ausgebrochener Streit, der zu einem tiefgreifenden, langandauernden Zerwürfnis führt. Oder ein Feedback, das mich so trifft, dass es mir bildlich gesprochen Lebenssaft aus meinen Gliedern zieht.

Wer die Bibel öffnet, der stösst von Anfang an auf eine Fülle von Zwischenfällen. Es beginnt schon auf den ersten Seiten, mit den Erzählungen der Genesis. Spätestens auf dem dritten Blatt schildert uns die Bibel einen ersten gravierenden Zwischenfall in einer ganzen Serie, die bis heute nicht abreisst. In meinen Predigten gehe ich diesen Zwischenfällen nach und versuche sie mit einem Blick auf die Zwischenfälle in unserem Leben zu lesen und zu deuten. Ich beschränke mich dabei auf Erzählungen aus dem Alten Testament – grossmehrheitlich aus dem Buch Genesis und dem Prophetenbuch Jona. Die Bibeltexte sind in aller Regel der Lutherbibel entnommen. Auf einen wissenschaftlichen Apparat habe ich bewusst verzichtet. Für eine vertiefte Beschäftigung verweise ich auf die einschlägigen Kommentare.

Mit *Zwischenfälle* lege ich meinen zweiten Predigtband nach der kürzlich erschienenen Auslegung des Philipperbriefs mit dem Titel *Im Leben und im Sterben* vor. Wenn Sie da und dort Lokalkolorit spüren beim Lesen, dann ist das beabsichtigt. Diese Predigten wurden zuerst an unsere real existierende Gottesdienstgemeinde vor Ort gerichtet, wo ich seit 17 Jahren als Pfarrer arbeite. Diesen vorliegenden Band widme ich *meiner Frau Claudia*, die in den Zwischenfällen unseres gemeinsamen Lebens als Ehepaar und Familie immer wieder bewundernswerte Flexibilität, Fantasie und Kreativität bewiesen hat, dann *meinem Pfarrkollegen Hardy Meyer*, der es immer wieder versteht, mit den Zwischenfällen des Lebens gleichermassen gewieft und gewitzt umzugehen, sowie allen ehemaligen und gegenwärtigen *Mitgliedern unserer lokalen Kirchenpflege*, die mit viel Herz und grossem Engagement ihren Glauben leben. *Peter Matl*, ehemaliger Vizepräsident unserer Kirchenpflege, hat das Manuskript auf Fehler aller Art kritisch durchgesehen und

Verbesserungen vorgeschlagen. Ganz herzlichen Dank! Verbleibende Fehler gehen „auf meine Kappe“.
Unserem ältesten Sohn Darius (21) danke ich sehr herzlich für seine Bereitschaft, ein Nachwort beizutragen. In der Tat ist die Zuspitzung alttestamentlicher Predigten auf die Person Jesu hin ein berechtigte Rückfrage, der ich weiter nachgehen möchte. Dort, wo sie versucht wird, gelingt sie nach meiner Beobachtung nicht immer sachgerecht und überzeugend. Das ist mir bei mir selbst und auch bei Kolleginnen und Kollegen aufgefallen. Meine Zurückhaltung an diesem Punkt hängt möglicherweise damit zusammen, dass ich grundsätzlich meine Auslegung in der Predigt auf den gelesenen Bibeltext fokussieren möchte. Aber wie gesagt: dem ist weiter nachzugehen.

Nun wünsche ich Ihnen, liebe Leserin, lieber Leser, reichen Gewinn bei der Lektüre!
Mit den besten Wünschen und mit freundlichen Grüssen

Christoph Ramstein

Lausen, im Herbst 2011

Zwischenfall im Paradies

Und sie hörten Gott den HERRN, wie er im Garten ging, als der Tag kühl geworden war. Und Adam versteckte sich mit seiner Frau vor dem Angesicht Gottes des HERRN unter den Bäumen im Garten. Und Gott der HERR rief Adam und sprach zu ihm: Wo bist du? Und er sprach: Ich hörte dich im Garten und fürchtete mich; denn ich bin nackt, darum versteckte ich mich. Und er sprach: Wer hat dir gesagt, dass du nackt bist? Hast du nicht gegessen von dem Baum, von dem ich dir gebot, du solltest nicht davon essen? Da sprach Adam: Die Frau, die du mir zugesellt hast, gab mir von dem Baum und ich aß. Da sprach Gott der HERR zur Frau: Warum hast du das getan? Die Frau sprach: Die Schlange betrog mich, sodass ich aß. (Genesis 3,8-13)

Liebe Gemeinde,

Und sie hörten Gott den HERRN, wie er im Garten ging, als der Tag kühl geworden war. Ich musste schmunzeln, als ich diesen Satz vor mir hatte: Gott der Herr, der im Garten umhergeht. Gott der Herr, der kommt, als es kühl geworden ist. Nicht in der Hitze des Tages, sondern dann, wenn es kühler wird. In vielen Ländern – gerade auch im Orient – ist das den Menschen klar. Man meidet die grosse Hitze und die stechende Sonne. Man bewegt sich dann, wenn die Temperaturen angenehmer werden. Doch: *kann* man so – *darf* man so von Gott reden – so anschaulich, so konkret, so menschlich? Gott sozusagen als Spaziergänger, der gegen Abend im Garten umhergeht? Nun, das dritte Kapitel der Bibel redet so von Gott!

Blenden wir zurück zu den ersten beiden Kapiteln: Gott schafft das Universum aus dem Nichts durch sein Wort. Er erschafft den Menschen als Mann und als Frau und platziert ihn in einen paradiesischen Garten namens Eden. Und Gott gibt dem Menschen *ein einziges, einfaches und einprägsames Gebot*: von einem einzigen Baum im Garten – dem Baum der Erkenntnis von gut und böse – soll er nicht essen (vgl. Gen 2,16f). Wie einfach! In einem Paradiesgarten leben und *ein einziges Gebot* beachten! Keine Flut von Gesetzen, Verordnungen und Reglementen, wie wir das heute kennen. Nur ein einziges Gebot! Und doch zeigt diese Erzählung: Wie schwierig ist das für den Menschen, wenn Gott ihm eine Grenze setzt! Als Mann und Frau auf die Probe gestellt werden, lassen sich dazu verführen, diese Grenze zu überschreiten, dieses einzige Gebot zu übertreten.

Und Adam versteckte sich mit seiner Frau vor dem Angesicht Gottes des HERRN unter den Bäumen im Garten. Verrückt: Gott sucht den Menschen dort im Garten auf, wo er ist, wo er lebt – und der Mensch versteckt sich – pikanterweise unter den Bäumen! Wie gehen wir Menschen damit um, wenn wir in die Bredouille geraten, wenn etwas schief gegangen ist, wenn wir etwas verbrochen haben? Fight or flight! Kämpfen oder flüchten – so bringt man auf Englisch die beiden beliebtesten menschlichen Verhaltensmuster bei Problemen auf den Punkt. Entweder wir kämpfen, oft indem wir versuchen, uns zu rechtfertigen. Oder wir flüchten, hauen ab, gehen in Deckung. Von beidem erzählt uns diese Geschichte, zuerst vom zweiten:

Und Adam versteckte sich mit seiner Frau vor dem Angesicht Gottes des HERRN unter den Bäumen im Garten. Und Gott der HERR rief Adam und sprach zu ihm: Wo bist du? Gott der Herr, sucht gerade jetzt, in diesem Augenblick menschlichen Versagens, in diesem Augenblick menschlicher Scham, in diesem Augenblick menschlichen Versteckens die beiden auf, will ihnen gerade jetzt begegnen! Gott stellt Fragen und erwartet Antwort. Nicht dass Gott noch nicht Bescheid wüsste, was da genau passiert ist! Er stellt ihnen Fragen, um ihnen Gelegenheit zu geben, ihre Karten offen auf den Tisch zu legen und nichts zu beschönigen. Mit diesen Fragen zielt Gott darauf, den Menschen zur Besinnung und zur Einkehr zu führen – und im besten Fall zur Einsicht: zum *Eingeständnis* des Versagens, zum *Bekenntnis* der Schuld und zur *Umkehr* vom eingeschlagenen Weg.

Wenn wir uns die vier Fragen anschauen, die Gott stellt – drei an Adam und eine an Eva –, so fällt uns sofort auf, dass es sich um ganz grundlegende Fragen handelt:

1. Wo bist Du? – die Frage nach dem *Standort*! (Vers 9)
2. Wer hat Dir gesagt …? (frei übertragen: auf welche Stimme hast Du gehört?) – die Frage nach der *Autorität*, auf die wir hören! (Vers 11)
3. Hast Du nicht gegessen …? – die Frage nach dem konkreten *Vergehen*! (Vers 11)
4. Warum hast Du das getan? – die Frage nach dem *Grund*! (Vers 13)

Diese Fragen stellt Gott hier nicht zum letzten Mal. Er stellt sie bis heute. Er stellt sie auch uns. Die Bibel erzählt uns mit vielen Beispielen, Geschichten, Varianten, wie Gott uns Menschen mit diesen Fragen konfrontiert. Sind wir bereit, uns so von Gott fragen zu lassen? Sind wir bereit, seine Fragen zu hören und ernst zu nehmen? Sind wir bereit, dass wir uns von ihm zur Einkehr und Umkehr bewegen lassen?

Nun wird immer deutlicher: diese bekannte Geschichte von Adam und Eva ist eine *paradigmatische* Geschichte. Hier werden uns Phänomene geschildert, mit denen wir es täglich zu tun haben. Hier wird etwas Grundlegendes über unser Leben als Menschen aufgedeckt – und deshalb sind wir alle gemeint. Es ist nicht einfach eine längst vergangene Geschichte, sondern eine Geschichte mit einem langen Schatten, eine Geschichte, die sich täglich neu ereignet – und wir alle stecken mittendrin.

Vor zwölf Jahren – Tatort: Lagerhaus in den Schweizer Alpen – erlebte ich folgendes: Als Hauptleiter musste ich mich, was selten vorkam, um eine massive Sachbeschädigung kümmern. Die Türfalle eines Bubenzimmers wurde so geschlissen, dass die ganze Tür repariert werden musste. Wir konnten den Kreis der Verantwortlichen eingrenzen auf vier Lagerteilnehmer. Obwohl klar war, dass diese vier – und nur diese vier! - dabei gewesen waren, war es sehr eindrücklich, ihnen zuzuhören. Es klang so, als hätte kaum einer die Türfalle überhaupt berührt. Wenn ich vom einen Rechenschaft verlangte, dann brachte er einen anderen aus dem Viererkreis ins Spiel und reichte so den schwarzen Peter weiter. Beim nächsten spielte sich das Gleiche ab - beim dritten und vierten auch.

Oder ich denke an die Politsendung *Arena*, wo kaum einer wirklich ausreden darf und alle einander ins Wort fallen müssen. Wie oft höre ich da, dass die anderen schuld sind. Für die Linken sind die Rechten schuld – und für die Rechten die Linken. In der politischen Mitte kann man den schwarzen Peter abwechslungsweise nach Rechts oder nach Links weitergeben. Wer ist verantwortlich für die Finanzkrise? Für die mangelnde Integration von Immigranten? Für die Kostenexplosion im Gesundheitswesen? Die scheinbare Antwort ist verblüffend einfach: Schuldig und verantwortlich sind die Anderen!

Kennen wir dieses Schwarz-Peter-Spiel? Es wird gespielt unter Geschwistern (von klein auf bis zu Erbteilungen …). Es wird in jungen Jahren gespielt in Schulzimmern, auf Pausenplätzen und in Turnhallen. Es wird von Erwachsenen weiter gespielt auf Baustellen, in Büros und Verwaltungen, in Fabrikhallen und Gerichtssälen, in Vereinen und Kirchen – überall, wo Menschen zusammen sind. Es ist das gleiche Spiel, das wir hier in seiner ursprünglichen Version kennenlernen:

Da sprach Adam: Die Frau, die du mir zugesellt hast, gab mir von dem Baum, und ich aß. Da sprach Gott der HERR zur Frau: Warum hast du das getan? Die Frau sprach: Die Schlange betrog mich, so daß ich aß. Gott stellt Fragen und ruft zur Verantwortung - und der Mensch lehnt es ab, seine Verantwortung zu übernehmen! Schuldig und verantwortlich ist der andere! Adam wird von Gott gefragt – und sofort hat er zwei Andere: zuerst einmal seine Frau – und dann als Gipfel der Unverschämtheit Gott, weil er ihm ja schliesslich seine Frau gegeben hat. (Frage: wie viele Männer zeigen bis heute – ganz in der Art von Adam hier – auf ihre Frau, wenn sie selbst in der Verantwortung stehen?). Die Frau wird von Gott auf ihre Verantwortung angesprochen und sie hat ebenfalls einen Schuldigen, auf den sie zeigen kann: die Schlange. Ich nenne diese heute sehr beliebte Spielvariante: Schuld-ist-die-Situation! Ich konnte ja gar nicht anders. Das Angebot war dermassen verlockend etc. Mit gutem Recht kann man fragen: Wie viele Männer und Frauen zeigen auf die Schlange, auf die Situation, auf die Umstände, wenn sie selbst in der Verantwortung stehen?

Liebe Gemeinde,

Gott setzt uns Menschen Grenzen – und wir übertreten sie. Gott ruft uns zur Verantwortung – und wir verweigern sie. Gott bringt unsere Versagen, unsere Schuld ans Licht – und wir beschuldigen andere. Das ist die Versuchung *nach* der Versuchung: Gott hat uns als verantwortliche Lebewesen geschaffen und wir – Du und ich - lehnen die Verantwortung ab, reichen den Schwarzen Peter weiter an andere Menschen, an die Situation, an Gott.

Dabei sucht Gott nur eines: dass wir Verantwortung übernehmen, unser Versagen eingestehen, unsere Fehler beim Namen nennen, unsere Sünde bekennen. Adam hätte ja einfach sagen können: *Ja, ich habe diese Grenze überschritten. Ja, ich habe dieses eine Gebot missachtet. Ja, ich habe gegessen. Es war verkehrt!* Doch eine solche Antwort suchen wir hier vergeblich. Aber es gibt diese positiven Beispiele – Menschen, die vor uns diesen Weg gegangen sind. Sie sagen es so:

Darum bekannte ich Dir meine Sünde, und meine Schuld verhehlte ich nicht. Ich sprach: Ich will dem Herrn meine Übertretungen bekennen. Da vergabst Du mir die Schuld meiner Sünde. (Psalm 32,5)

Vater, ich habe gesündigt gegen den Himmel und vor dir. (Lukas 15,21)

Gott, sei mir Sünder gnädig! (Lukas 18,13)

AMEN!

Einer tanzt aus der Reihe

Dies ist das Buch von Adams Geschlecht. Als Gott den Menschen schuf, machte er ihn nach dem Bilde Gottes und schuf sie als Mann und Frau und segnete sie und gab ihnen den Namen »Mensch« zur Zeit, da sie geschaffen wurden. Und Adam war 130 Jahre alt und zeugte einen Sohn, ihm gleich und nach seinem Bilde, und nannte ihn Set; und lebte danach 800 Jahre und zeugte Söhne und Töchter, dass sein ganzes Alter ward 930 Jahre, und starb. Set war 105 Jahre alt und zeugte Enosch und lebte danach 807 Jahre und zeugte Söhne und Töchter, dass sein ganzes Alter ward 912 Jahre, und starb. Enosch war 90 Jahre alt und zeugte Kenan und lebte danach 815 Jahre und zeugte Söhne und Töchter, dass sein ganzes Alter ward 905 Jahre, und starb. Kenan war 70 Jahre alt und zeugte Mahalalel und lebte danach 840 Jahre und zeugte Söhne und Töchter, dass sein ganzes Alter ward 910 Jahre, und starb. Mahalalel war 65 Jahre alt und zeugte Jered und lebte danach 830 Jahre und zeugte Söhne und Töchter, dass sein ganzes Alter ward 895 Jahre, und starb. Jered war 162 Jahre alt und zeugte Henoch und lebte danach 800 Jahre und zeugte Söhne und Töchter, dass sein ganzes Alter ward 962 Jahre, und starb. Henoch war 65 Jahre alt und zeugte Metuschelach. Und Henoch wandelte mit Gott. Und nachdem er Metuschelach gezeugt hatte, lebte er 300 Jahre und zeugte Söhne und Töchter, dass sein ganzes Alter ward 365 Jahre. Und weil er mit Gott wandelte, nahm ihn Gott hinweg und er ward nicht mehr gesehen. Metuschelach war 187 Jahre alt und zeugte Lamech und lebte danach 782 Jahre und zeugte Söhne und Töchter, dass sein ganzes Alter ward 969 Jahre, und starb. Lamech war 182 Jahre alt und zeugte einen Sohn und nannte ihn Noah und sprach: Der wird uns trösten in unserer Mühe und Arbeit auf dem Acker, den der HERR verflucht hat. Danach lebte er 595 Jahre und zeugte Söhne und Töchter, dass sein ganzes Alter ward 777 Jahre, und starb. Noah war 500 Jahre alt und zeugte Sem, Ham und Jafet. (Genesis 5,1-32)

Liebe Jubilarinnen und Jubilare, Liebe Gemeinde,

Das waren noch Zeiten! Vor 50 Jahren (1960) gewann John F. Kennedy die Präsidentschaftswahlen gegen Richard Nixon, Frankreich zündete seine erste Atombombe und Ägypten begann mit dem Bau des Assuan-Staudamms. Vor 60 Jahren (1950) schlossen Stalin und Mao einen Freundschaftsvertrag, begann der Koreakrieg und Frankreichs Aussenminister Robert Schumann legte einen Plan zur europäischen Einigung vor (erster Schritt: Montanunion). Vor 65 Jahren (1945) beging Hitler Selbstmord, kapitulierte Nazi-Deutschland und später – nach dem Abwurf zweier Atombomben auf die Städte Hiroshima und Nagasaki mit schrecklichen Folgen – auch Japan, wurde die UN gegründet und Korea geteilt. Vor 70 Jahren (1940) wurde Churchill in Grossbritannien Premierminister, überrannten deutsche Truppen die Niederlande, Belgien und Luxemburg und zogen in Paris ein, tobte die Luftschlacht um England und Charlie Chaplin drehte seine unübertreffliche Parodie „Der grosse Diktator“. Vor 80 Jahren (1930) wurde Uruguay als erste Mannschaft überhaupt Fussball-Weltmeister, entdeckte ein Astronom in Arizona den Planeten Pluto und Mahatma Gandhi startete in Indien seinen „Feldzug der Gehorsamsverweigerung“, der schliesslich später zur Unabhängigkeit Indiens führte. Vor 85 Jahren (1925) wurde in China Tschiang Kai-Shek Nachfolger des Staatsgründers Sun Yat-sen, erschien der erste Teil von Hitlers Buch *Mein Kampf* und Deutschland, Belgien und Frankreich einigten sich im Vertrag von Locarno auf den Verzicht von gewaltsamen Änderungen der bestehenden Grenzen. Vor 90 Jahren (1920) kamen die ersten Schallplatten mit Jazzmusik auf den deutschen Markt, anerkannte Russland die Unabhängigkeit Finnlands und Hitler stellte sein 25-Punkte-Parteiprogramm der NSDAP vor, das ein grossdeutsches Reich anstrebte und klar gegen Juden gerichtet war (1920!). Vor 95 Jahren (1915) wurde erstmals Giftgas als Kriegswaffe eingesetzt, versenkten die Deutschen das britische Passagierschiff Lusitania und den Armenierprogromen fielen rund eine Million Menschen zum Opfer. Vor 100 Jahren (1910) gab es Aufstände in Portugal und Mexico, annektierte Japan Korea, kam der Halleysche Komet wieder in Erdnähe und dem britischen Physiker Ernest Rutherford gelang erstmals der Nachweis des Atomkerns.

Zurückschauen - in diesen Jahren fand unser bisheriges Leben seinen Platz. Unser Leben mit seinen Höhen und Tiefen, mit Erfolgen und Misserfolgen, mit Schönem und Schwerem. Unser Leben von der Geburt über die ersten Zähne und die ersten Schritte hin zum ersten Schultag und zur Konfirmation. Die erste Liebe und die erste Stelle – für viele Hochzeit und Familiengründung. Die intensiven Jahre im Berufsleben, am Arbeitsplatz, in der Familie. Die Sorge für die eigenen Eltern. Der Kampf ums Durchkommen. Dann erste gesundheitliche Warnsignale. Eigene Grosskinder vielleicht. Die Pensionierung. Die Redimensionierung des Lebens. Weniger Gesundheit – weniger Kraft – weniger Tempo – weniger Aktivitäten. Viele unter uns sind 65, 80, 85, 90 Jahre oder älter. Das ist ein respektables Alter. Doch dann hören wir erstaunt dieses Bibelwort. Da stehen wir vor Altersangaben, die uns alle im Vergleich als Teenager erscheinen lassen. 930 Jahre – 912 Jahre – 905 Jahre – 910 Jahre – 895 Jahre – 962 Jahre – 969 Jahre (das ist die höchste Angabe) – 777 Jahre. Wie ist das zu verstehen?

Erlauben Sie mir einen kleinen Exkurs anhand einiger Zeitungsausschnitte der letzten Tage. Da lese ich von der ältesten Baslerin, die im Alter von 110 Jahren verstorben ist. Da lese ich, dass es immer mehr Hundertjährige in der Schweiz gibt und geben wird. Da lese ich von einem jungen Finanzanalytiker, der sich nach dem Tod tiefgekühlt aufbewahren lassen will und sagt: „Meine Einfrierung sehe ich als letzte Wette gegen den Tod an.“ Da lese ich vom amerikanischen Erfinder und Zukunftsforscher Ray Kurzweil, der damit rechnet, dass es aufgrund der rasanten Entwicklung nächstens möglich sein wird, dass Menschen mehrere hundert Jahre alt werden. Dafür schluckt er täglich mehr als hundert Pillen, um seinen Körper jung zu halten, bis die technologische Entwicklung so weit ist …

Doch zurück zur Bibel und zu diesen Altersangaben von 900 Jahren und mehr. Wie ist das zu verstehen? Ich weiss es nicht! Wurden Menschen früher einmal – vielleicht auch mit weniger Umweltbelastung – viel älter als wir heute? Ich weiss es nicht! Oder: sind diese Altersangaben einfach symbolisch gemeint? Ich weiss es nicht! Etwas anderes aber ist mir ins Auge gesprungen – und damit konnte ich auch sofort etwas anfangen. Das ganze Kapitel ist wie ein Refrain mit wechselnden Namen:

X war ... Jahre alt, zeugte einen Nachkommen mit Namen Y, lebte weitere ... Jahre, zeugte weitere Nachkommen, sein ganzes Alter war ... Jahre – und starb.

Liebe Festgemeinde,

ist das alles im Leben? Erwachsen werden – eine Familie gründen - Kinder zeugen – die Jahre zubringen – alt werden und sterben. Ist das alles?

Natürlich, wir würden noch weiteres hinzufügen: Schulen besuchen, einen Beruf lernen, ein Haus bauen, einen Baum pflanzen, ein Buch schreiben, ein Hobby pflegen, Länder bereisen … Doch die Frage – die unangenehme Frage bleibt: ist das alles im Leben? Unser Kapitel aus der Bibel sagt: Nein! Das ist nicht alles! Es gibt mehr! Viel mehr! Da liegt mehr drin. Drei Teile, die eben nicht zu diesem durchgängigen „Refrain“ gehören, zeigen uns, was dieses *Plus*, dieses *Mehr* ist.

Dies ist das Buch von Adams Geschlecht. Als Gott den Menschen schuf, machte er ihn nach dem Bilde Gottes und schuf sie als Mann und Frau und segnete sie und gab ihnen den Namen »Mensch« zur Zeit, da sie geschaffen wurden.

Erstens: Du und ich, wir alle, jeder Mensch - *wir sind Geschöpfe Gottes!* Wir haben den höchsten Adel und die beste Herkunft, die es überhaupt gibt. Wir kommen aus Gottes Hand. Wir sind seine Idee. Diese Sätze hier erinnern uns an die Schöpfungserzählung mitsamt der Erschaffung von uns Menschen – erinnern uns an das erste Kapitel ganz am Anfang der Bibel. Denke daran: Du bist Geschöpf von Gott! Das ist Deine Würde! Niemand darf Dir das nehmen! Und: ob Du religiös, kirchlich, gläubig, fromm bist oder nicht, das ändert gar nichts an dieser Tatsache! Du bist ein Geschöpf von Gott.

... Mühe und Arbeit auf dem Acker, den der HERR verflucht hat.

Zweitens: Du und ich, wir alle, jeder Mensch - wir sind und bleiben Geschöpfe Gottes, geschaffen als sein Ebenbild. Aber genauso gilt: *Wir leben in einer Welt, die nicht mehr ist, was sie war.* Wir leben definitiv nicht mehr im Paradies. Davon muss ich Euch nicht viel erzählen! Was sieht man nicht alles in einer Lebenszeit von 50, 65, 80, 90 oder 100 Jahren! Was haben die Zeitungen in dieser Zeit nicht alles berichtet, das jedes Mal zeigt: Wir leben nicht mehr im Paradies. Das dritte Kapitel der Bibel sagt deutlich: Der Mensch hat das Paradies verspielt durch Rebellion gegen Gott. Jetzt gibt es Arbeit mit Dornen und Disteln. Jetzt gibt es – nicht nur, aber auch - Schmerzen und Leid, Krankheit und Tod. In dieser Spannung von höchstem Adel und gefallener Welt stehen wir mit unserem Leben und unserer Lebenszeit.

Und Henoch wandelte mit Gott. (...) Und weil er mit Gott wandelte, nahm ihn Gott hinweg und er ward nicht mehr gesehen.

Drittens: Du und ich, wir alle, jeder Mensch – wir sind Geschöpfe Gottes, leben in einer gefallenen Welt. Und trotzdem: wir sind eingeladen – *wir sind berufen, mit dem lebendigen Gott unser Leben zu gestalten.* Hier erfahren wir das am Beispiel dieses Henoch, der irgendwie quer in der Landschaft steht: *es ist möglich, mit Gott zu leben.* Da gibt es Menschen, die mitten in dieser Spannung mit Gott ihren Weg gehen. Du und ich, wir alle, jeder Mensch - wir sind berufen zum Leben mit Gott, der uns geschaffen hat, der uns nicht fallen lässt, der uns liebt, wie kein Mensch uns lieben kann.

Liebe Festgemeinde,

darum geht es in unserem Leben – *dass wir mit Gott leben.* Das, was hier bei Henoch noch rätselhaft dasteht, wird bei Abraham und Sarah schärfer, bei vielen Gestalten der Bibel sichtbar – und im Neuen Testament durch Jesus und seinen Weg deutlich und greifbar. Jesus Christus ist wahrer Mensch und wahrer Gott. Er ist die Brücke von Gott zu uns – und von uns zu Gott. Er zeigt uns, wie wir mit Gott leben können in dieser Welt. Er räumt durch sein Kreuz alle Hindernisse aus dem Weg – der Zugang zu Gott ist offen. Er durchbricht am Ostermorgen die Mauer des Todes – eröffnet den Zugang zum ewigen Leben.

Auch wir sind im Leben unterwegs. Doch die grosse Frage, die sich uns allen stellt ist die, *wie* wir im Leben unterwegs sind. Sind wir *mit Gott* unterwegs? Rechnen wir mit ihm? Vertrauen wir ihm? Wir alle gehen auf die Ewigkeit Gottes zu. Für uns alle ist heute der erste Tag vom Rest unseres Lebens. Niemand von uns weiss, wie viele Stunden, Tage, Monate und Jahre ihm und ihr noch vergönnt sind. Jeder Tag mit seinen 86‘400 Sekunden ist kostbar. Tag für

Tag im Vertrauen auf Gott, unseren Schöpfer, unseren Erlöser, unseren Tröster unterwegs sein. Darum geht es.

Liebe Festgemeinde, Liebe Jubilarinnen und Jubilare,

das wär‘s doch! Jetzt neu anfangen. Jetzt *mit Gott* neu anfangen! Jetzt seine Botschaft ernst nehmen, die uns die Tür zum erfüllten Leben aufschliesst. Jetzt den Konfirmandenspruch genau anschauen und zu Herzen nehmen. Jetzt Gottes Trost empfangen, der unser Herz erreicht. Jetzt mit ihm definitiv einen Schlussstrich ziehen unter eine alte Geschichte. Jetzt Gott vertrauen und die Sorgen, die uns das Leben schwer machen, loslassen und in seine Hände legen. Jetzt die Hand zur Versöhnung ausstrecken. Jetzt vergeben. Jetzt aufräumen in Haus und Leben. Jetzt Altlasten entsorgen. Jetzt frei werden für Gott und seinen Weg mit Dir und mir. Jetzt den Rucksack mit den schweren Steinen, die das Leben uns aufgeladen hat, am Kreuz abstellen und dort stehen lassen. Jetzt sagen: und vergib mir meine Schuld, wie ich vergebe meinen Schuldigern (vgl. Unservater-Gebet). Jetzt Gottes Zuspruch hören: Ich habe Dich je und je geliebt. Jetzt Gottes Zuspruch hören: *Bis in euer Alter bin ich derselbe, und ich will euch tragen bis ihr grau werdet.* (Jesaja 46,4)

Das wünsche ich uns allen, dass das uns genauso beschreibt wie Henoch: er oder sie *wandelte mit Gott*. Und dass wir sagen können mit Dietrich Bonhoeffer: *Von guten Mächten wunderbar geborgen, erwarten wir getrost, was kommen mag. Gott ist mit uns am Abend und am Morgen – und ganz gewiss an jedem neuen Tag.*

AMEN!

Zwischenfall auf Grossbaustelle

Es hatte aber alle Welt einerlei Zunge und Sprache. Als sie nun nach Osten zogen, fanden sie eine Ebene im Lande Schinar und wohnten daselbst. Und sie sprachen untereinander: Wohlauf, lasst uns Ziegel streichen und brennen! – und nahmen Ziegel als Stein und Erdharz als Mörtel und sprachen: Wohlauf, lasst uns eine Stadt und einen Turm bauen, dessen Spitze bis an den Himmel reiche, damit wir uns einen Namen machen; denn wir werden sonst zerstreut in alle Länder. Da fuhr der HERR hernieder, dass er sähe die Stadt und den Turm, die die Menschenkinder bauten. Und der HERR sprach: Siehe, es ist einerlei Volk und einerlei Sprache unter ihnen allen und dies ist der Anfang ihres Tuns; nun wird ihnen nichts mehr verwehrt werden können von allem, was sie sich vorgenommen haben zu tun. Wohlauf, lasst uns herniederfahren und dort ihre Sprache verwirren, dass keiner des andern Sprache verstehe! So zerstreute sie der HERR von dort in alle Länder, dass sie aufhören mussten, die Stadt zu bauen. Daher heißt ihr Name Babel, weil der HERR daselbst verwirrt hat aller Länder Sprache und sie von dort zerstreut hat in alle Länder. (Genesis 11,1-9)

Liebe Gemeinde,

es gibt Geschichten in der Bibel, die wir hören oder lesen und dabei denken: Das war einmal. Geschichten, die wir für passé halten, obwohl sie – in *Variationen* des Themas natürlich – ständig neu aufgeführt werden auf der Bühne des Lebens …

Da ist zum Beispiel die Geschichte mit der Schlange im Paradies. Nach der fatalen Grenzüberschreitung zieht Gott die Menschen zur Verantwortung und verlangt Rechenschaft. Was lesen wir? Der Mann schiebt sein Fehlverhalten auf seine Frau. Die Frau schiebt ihr Fehlverhalten auf das Arrangement und die Umstände. Längst vergangen? Sicher nicht! Das Abschieben von Schuld auf andere oder auf die Umstände gehört zum menschlichen Verhaltensrepertoire bis zum heutigen Tag!

Da ist zum Beispiel die Geschichte von zwei Brüdern. Der eine kommt gut an – der andere nicht. Kain erschlägt seinen Bruder Abel. Eine Geschichte über Geschwisterrivalität mit schlimmem Ende. Längst vergangen? Alles passé? Wenn wir das nächste Mal eine schlimme Erbschaftsgeschichte hören, denken wir vielleicht an Kain und Abel - auch wenn beim Erben die anderen vielleicht „nur" verbal erschlagen werden …

Und dann hören wir diese Geschichte vom Turmbau zu Babel – ich muss aufpassen seit dem Bau des Messeturms, dass ich nicht vom Turmbau zu Basel rede. Von den Nebengeräuschen dieses Turmbaus haben wir gelesen und von den angeblichen Gründen für die unsauberen

Geschäfte („Prestigebau"). Doch nun behaupte ich, dass der Turmbau zu Babel *auch heute noch weitergeht*!

Durch die Erfindung des Drahtseils (1834), die Erfindung des modernen Lifts durch Elisha Graves Otis (1854) und die Produktion des ersten elektrischen Fahrstuhls (1903) durch die Firma Otis sowie durch die Einführung des Stahlskelettbaus in den 1870er Jahren begann eine neue Ära des Hochbaus mit den sogenannten Wolkenkratzern (skyscraper). Für mehr als 40 Jahre war das 1931 fertig gestellte *Empire State Building* in New York mit 381 Metern bis zum Dach und 449 Metern bis zur Antennenspitze das höchste Gebäude der Welt. Abgelöst wurde es 1973 durch die Zwillingstürme des World Trade Centers (2001 zerstört) und 1974 bereits durch den Sears Tower in Chicago, der es auf immerhin 442 Meter bis zum Dach und 527 Meter bis zur Antennenspitze brachte. Kurz darauf (1975) wurde der CN Tower in Toronto eingeweiht, der bis zur Spitze 553,33 Meter misst. Nachdem die Petronas Twin Towers in Kuala Lumpur von 1996 an den Titel „höchstes Gebäude der Welt" hielten, ging er 2004 an den Wolkenkratzer Taipeh 101 in Taiwan über. Inzwischen wurde 2010 der Burj Khalifa in Dubai eingeweiht, dessen Höhe mit 830 Metern angegeben wird ... Fazit: Der Turmbau ist immer noch in vollem Gang und ein Ende ist nicht abzusehen!

Was treibt eigentlich Menschen an, immer höhere Türme zu bauen? Warum wollen wir immer höher hinaus? Wahrscheinlich gibt es viele mögliche Antworten auf diese Frage. Ehrgeiz von Einzelnen und Firmen, von Städten und Staaten. Der Wunsch, etwas Einmaliges zu erschaffen und zurückzulassen. Der Versuch, bis an die Grenze zu gehen und diese Grenze weiter hinauszuschieben. Das Bestreben, an die Spitze zu kommen und den ersten Platz einzunehmen. Der Beste, der Stärkste, der Erste sein. Sich ein Denkmal setzen. Sich verewigen ...

Wir wissen, dass das keineswegs auf Bauen und Türme beschränkt ist, sondern viele menschlichen Tätigkeiten betrifft. Offensichtliches Beispiel ist der Sport. Kein lokales Turnier und keine olympischen Spiele, keine Fussball-Meisterschaft und kein Schwingfest, kein Formel I Rennen und kein Tennis-Grand-Slam-Turnier sind denkbar ohne dieses menschliche Streben, an die Spitze zu kommen. Doch auch in der Wirtschaft ist dieses Streben allgegenwärtig, an die Spitze zu kommen, Branchenleader zu werden, Umsatz und Gewinn zu steigern, Konkurrenten hinter sich zu lassen oder sich einzuverleiben.
Dieser Turmbau zu Babel ist ein Greifen nach den Sternen, ein Angriff auf den Himmel, ein Überschreiten der Grenze. Diese Geschichte zeigt schon ganz am Anfang der Bibel dieses menschliche Streben. Und das Motiv, die Triebfeder für dieses Streben wird auf die kurze Formel gebracht: *... damit wir uns einen Namen machen ...*

Menschen versuchen sich selbst einen Namen zu machen, ihren eigenen Namen gross zu machen und – auch wenn das unmöglich ist – diesen Namen zu verewigen. Genau das provoziert den lebendigen Gott. Genau dieses Bestreben versperrt den Menschen, Gott und seinen Namen zu ehren und zu achten. Menschliche Arroganz gegen die Zielrichtung der Bitte im Unser-Vater: „geheiligt werde dein Name". Menschliche Überhebung gegen die Verherrlichung Gottes. Das menschliche Verhalten hier ist wie ein Echo auf das ungeheure Versprechen der Schlange in der Paradiesgeschichte: „ … und ihr werdet sein wie Gott …" (Genesis 3,5) Ist das nicht die grösste Versuchung des Menschen – sich selbst einen Namen zu machen und sich an die Stelle Gottes zu setzen?

Diktatoren sind Extrembeispiele für dieses Bestreben. Wir denken an Hitler, Mussolini, Stalin, Mao und andere. Auffallend ist die Verehrung ihrer Person, die religiöse Züge annahm – oftmals sorgsam und propagandistisch inszeniert. Auffallend ist, wie sie sich selbst einen Namen machten und wie ihr Name verehrt wurde: Heil Hitler – lang lebe Mao.

Doch auch wenn wir weit entfernt sind von solchen Extrembeispielen, müssen wir uns durch diese Geschichte vom Turmbau fragen lassen:

- Wie wichtig ist mir mein Name? Wie wichtig ist mir Gott und sein Name?
- Was ist mein persönlicher Turm, den ich baue?
- Was ist mein Weg, mir einen Namen zu machen?
- Wie wichtig ist es mir, dass mein Name gross herauskommt?
- Wie wichtig ist mir, dass Gottes Name geehrt wird?
- Wie ernst ist es mir mit dem Gebet: *Dein Name werde geheiligt*?

Eingebaut in diese Geschichte vom Turmbau - und damit schliesse ich -, ist scharfe, göttliche Ironie. Haben wir es gemerkt? Obwohl der Turm nach menschlicher Absicht *bis an den Himmel* reichen soll, muss Gott, der HERR, pikanterweise *herniederfahren*, um sich das Bauwerk näher anzuschauen. Mit anderen Worten: Gottes gewaltige Grösse bleibt unerreicht. Er ist wie ein gewaltiger Ozean – und das menschliche Bestreben um Grösse wie ein Tropfen im Verhältnis dazu.

AMEN!

Loslassen

Und der HERR sprach zu Abram: Geh aus deinem Vaterland und von deiner Verwandtschaft und aus deines Vaters Hause in ein Land, das ich dir zeigen will. Und ich will dich zum großen Volk machen und will dich segnen und dir einen großen Namen machen, und du sollst ein Segen sein. Ich will segnen, die dich segnen, und verfluchen, die dich verfluchen; und in dir sollen gesegnet werden alle Geschlechter auf Erden. Da zog Abram aus, wie der HERR zu ihm gesagt hatte, und Lot zog mit ihm. Abram aber war fünfundsiebzig Jahre alt, als er aus Haran zog. (Genesis 12,1-4)

Liebe Gemeinde,

es geht hier um Abraham, hier noch als Abram vorgestellt. Und es geht hier um Segen … Dem wollen wir heute gemeinsam nachgehen. Was bedeutet es, von Gott gesegnet zu sein? Wir tun das mit drei Stichworten und Sätzen.

Loslassen: Der gesegnete Mensch ist ein Mensch, der loslässt

Das ist ein unbequemer Satz. Vor allem anderen hört Abraham hier den Ruf des lebendigen Gottes, der ihn auffordert loszulassen. Wie sieht das Loslassen bei Abraham aus? Gottes Ruf ist sehr konkret. Geh aus deinem *Vaterland*! Was so viel bedeutet wie: Verlass deine Heimat, deinen Wohnort, deine gewohnte Umgebung. Geh von deiner *Verwandtschaft* – verlass die Menschen aus deiner Ursprungsfamilie, die mit dir verwandt und dadurch verbunden sind. Geh aus deines *Vaters Haus* – vielleicht müsste man besser sagen „Zelt“, denn Abraham und seine Leute waren ja Nomaden. Wir verstehen es sofort, um was es hier geht: Gottes Reden markiert einen tiefen Einschnitt im Leben von Abraham. Er soll die vertraute Umgebung und die Menschen verlassen, die seinem Leben bisher einen Rahmen und auch Sicherheit geben.

Loslassen ist eines der grossen Themen unseres menschlichen Lebens. Früher oder später müssen wir alle loslassen. Wir müssen vielleicht die Umgebung unserer Kindheit und Jugend loslassen. Wir müssen vielleicht eine uns liebgewordene Stelle loslassen. Wir müssen unser Haus oder unsere Wohnung loslassen. Wir verlieren durch den Tod Menschen, die uns lieb und wertvoll waren – und müssen so loslassen. Wir müssen schlussendlich alle unser eigenes Leben loslassen, wenn es auf die letzte Reise geht. Dieses Reden Gottes an Abraham klopft auch bei uns an die Tür und fragt: Kannst Du loslassen? Hast Du es im Kleinen und im Grossen gelernt, loszulassen? Oder hältst Du krampfhaft fest, was Du nicht wirklich halten kannst? Hältst Du an Dingen fest, die Deinen Weg im Leben hindern und hemmen?

Hier bei Abraham geht es um ein Loslassen, das der lebendige Gott ihm vorlegt. Abraham kann diesen Ruf zum Loslassen annehmen oder ablehnen. Er kann darauf eingehen oder nicht. Er kann sich auf den Weg machen oder zu Hause bleiben. Hast Du den Ruf Gottes auch schon vernommen, der Dich auffordert zum Loslassen? Zum Loslassen von Besitz. Zum Loslassen von Verbindungen und Beziehungen. Zum Loslassen von Gewohntem und Vertrautem. Zum Loslassen von Schönen oder auch Schwierigem.

Der gesegnete Mensch ist ein Mensch, der loslässt. Das hat seinen tiefen Sinn. Nur wenn wir loslassen, können wir auch empfangen. Nur wenn wir abreisen, können wir auch ankommen. Nur wenn wir räumen, können wir neu einrichten. Und das ist auch mit Gott und seinem Segen so. Der lebendige Gott, Schöpfer von Himmel und Erde, möchte ja nicht einfach Supplement in unserem Leben sein. Er möchte nicht einfach eine kleine Nebenrolle spielen, die wir ihm zuteilen. Er möchte seinen Segen nicht einfach auf einen Haufen von allem Möglichen legen, das schon da ist. Unser Gott und Schöpfer will die Mitte unseres Lebens sein.

1. Empfangen: Der gesegnete Mensch ist ein Mensch, der empfängt

Gott, der Herr, sagt zu Abraham: Ich will dich segnen! Das ist eine Zusage, die man gerne hört. Doch: wie sieht das eigentlich aus? Wie wird Abraham denn ganz konkret gesegnet? In welcher *Form* kommt dieser Segen zu ihm?

Wird Abraham in Form von Reichtum und Wohlstand gesegnet? Abraham war tatsächlich sehr reich … Wird Abraham gesegnet durch die Beziehung mit seiner Frau Sarah, die ja mit auf die Reise geht? Wird Abraham gesegnet durch die vielen Erfahrungen von Höhen und Tiefen, die er auf seiner Lebensreise macht? Oder ist es das neue Land, das Gott ihm zeigen will? Oder sind es seine Nachkommen Ismael und Isaak? Oder ist es das lange Leben, das Gott ihm schenkt? Oder ist es gute Gesundheit? Oder gute Nachbarn? Oder …?

Ich habe die Geschichten von Abraham und Sarah gelesen und mich gefragt, wo sieht man denn jetzt diesen Segen, den Gott ihm hier zusagt. Doch ich war nach der Lektüre nicht viel schlauer. Denken wir beim Segen an ein *Etwas*, das wir bekommen? Dann müssen wir bei Abraham schauen, was dieses *Etwas* sein könnte … Oder ist Segen viel mehr und viel grösser und viel tiefer und viel weiter als *irgend-Etwas*?

Der gesegnete Mensch ist ein Mensch, der empfängt – der Gottes Segen empfängt. Ich bin zur Überzeugung gekommen, dass Gottes Segen eigentlich darin besteht, dass *ER selbst* mit seiner Liebe und Treue, mit seiner Güte und Freundlichkeit, mit seiner Unbestechlichkeit und

Weisheit einen Menschen auf seinem Weg im Leben begleitet. Es ist Gottes Zusage: Ich bin bei Dir. Ich bin mit Dir. Ich begleite Dich durch Höhen und Tiefen, durch Erfolg und Scheitern, durch Schönes und Schweres.

Darum geht es beim Segen: Gott ist mit Dir und bei Dir. Und das bedeutet eben gerade nicht – wie wir es sehr schön bei Abraham sehen – dass immer alles rund läuft und es keine Probleme gibt. Im Gegenteil! Auch bei Abraham lief einiges ganz schief und einiges ganz anders. Zum Beispiel die Trennung von Lot, der Irrweg mit Hagar, die schwere Prüfung durch Gott – um nur drei zu nennen. Und trotzdem ist Gott bei ihm und mit ihm. Gott, der Herr, begleitet ihn auch in den dunklen Tälern – um es mit den Worten des bekanntesten Psalms zu sagen.

Gottes Segen, Gottes Begleitung, Gottes Dabeisein. Wir könnten jetzt miteinander die Bibel durchblättern und dem nachspüren, wie unser Gott und Schöpfer Menschen begleitet auf ihrem Weg, wie er mit ihnen unterwegs ist. Und so auch lernen, wie Gott die Männer und Frauen und Jugendlichen und Kinder segnet.

- *„Fürchte Dich nicht, Abram! Ich bin Dein Schild." (Gen 15,1) – hört Abraham später.*
- *„Du bist ein Gott, der mich sieht." (Gen 16,13) – sagt Hagar.*
- *„ ... Gott, der mich erhört hat zur Zeit meiner Trübsal und mit mir gewesen ist auf dem Wege, den ich gezogen bin." (Gen 35,3) – sagt Jakob.*
- *„ ... der Herr war mit Joseph ... " (Gen 39,2,21,23) – lesen wir.*

Die Beispiele aus der Bibel liessen sich spielend vermehren – bis hin zur Zusage des auferstandenen Jesus an seiner Jünger: *„Siehe, ich bin bei euch alle Tage bis ans Ende der Welt."* (Mt 28,20)

Dietrich Bonhoeffer hat im Gefängnis diesen Segen Gottes durch sein tägliches Begleiten einprägsam beschrieben: *„Von guten Mächten wunderbar geborgen, erwarten wir getrost, was kommen mag. Gott ist bei uns am Abend und am Morgen – und ganz gewiss an jedem neuen Tag."*

Sind *wir* bereit, bist *Du* bereit, diesen Segen des lebendigen Gottes zu empfangen? Lade ihn ein, Dich und Dein ganzes Leben – mit allem, was es bringen mag - zu begleiten!

2. Weitergeben: Der gesegnete Mensch ist ein Mensch, der weitergibt

Gott, der Herr sagt zu Abraham: *„ ... ich will Dich segnen ... und Du sollst ein Segen sein."*

Das ist eine Botschaft, die wir heute hören müssen. In unserer Vorstellung kommt Gottes Segen einfach zu uns – und dann ist Schluss. Doch damit liegen wir weit daneben. Gottes Segen will Kreise ziehen. Gottes Segen gilt Dir ganz persönlich – aber er geht weit über Dein kleines Leben hinaus. Gott will durch Dein Leben zu den Menschen kommen, die mit Dir in Berührung kommen. Gottes Liebe und Freundlichkeit will durch Dein Leben zu den Menschen fliessen, mit denen Du zu tun hast – zu Deinen Eltern oder Kindern – zu Deinen Nachbarn und Kollegen – zu Deinen Freunden und Feinden. Gott ist bei Dir und mit Dir, damit Du ein Segen für andere Menschen wirst und bist.

Der gesegnete Mensch ist ein Mensch, der weitergibt. Der gesegnete Mensch ist ein Mensch, der freigiebig mit dem umgeht, was er von Gott empfangen hat – an Liebe, an Vergebung, an Besitz, an Erfahrungen, an Beziehungen. Das kann im Rahmen von Mitarbeit in der Kirchgemeinde geschehen, dass Du weitergibst, was Du empfangen hast. Das kann in Deinem ganz normalen und alltäglichen Umfeld geschehen. Ich will Dich segnen und Du sollst ein Segen sein – für Deinen Partner, für Deine Familie, für Deine Nachbarschaft, für die Menschen, mit denen Du in Arbeit und Freizeit zusammen kommst. Mir ist das Bild des römischen Brunnen eine anschauliche Hilfe, um zu verstehen, wie das mit Gottes Segen abläuft: er fliesst zu Dir und über Dich zu anderen Menschen. Gib weiter, was Du empfangen hast!

AMEN!

Mit 66 Jahren, da fängt das Leben an

Und der HERR sprach zu Abram: Geh aus deinem Vaterland und von deiner Verwandtschaft und aus deines Vaters Hause in ein Land, das ich dir zeigen will. Und ich will dich zum großen Volk machen und will dich segnen und dir einen großen Namen machen, und du sollst ein Segen sein. Ich will segnen, die dich segnen, und verfluchen, die dich verfluchen; und in dir sollen gesegnet werden alle Geschlechter auf Erden. Da zog Abram aus, wie der HERR zu ihm gesagt hatte, und Lot zog mit ihm. Abram aber war fünfundsiebzig Jahre alt, als er aus Haran zog. So nahm Abram Sarai, seine Frau, und Lot, seines Bruders Sohn, mit aller ihrer Habe, die sie gewonnen hatten, und die Leute, die sie erworben hatten in Haran, und zogen aus, um ins Land Kanaan zu reisen. Und sie kamen in das Land, und Abram durchzog das Land bis an die Stätte bei Sichem, bis zur Eiche More; es wohnten aber zu der Zeit die Kanaaniter im Lande. Da erschien der HERR dem Abram und sprach: Deinen Nachkommen will ich dies Land geben. Und er baute dort einen Altar dem HERRN, der ihm erschienen war. Danach brach er von dort auf ins Gebirge östlich der Stadt Bethel und schlug sein Zelt auf, sodass er Bethel im Westen und Ai im Osten hatte, und baute dort dem HERRN einen Altar und rief den Namen des HERRN an. Danach zog Abram weiter ins Südland. (Genesis 12,1-9)

Liebe Gemeinde,

„Mit 66 Jahren, da fängt das Leben an – mit 66 Jahren, da hat man Spass daran – mit 66 Jahren, da kommt man erst in Schuss – mit 66 Jahren ist noch lang noch nicht Schluss!“ So singt der bekannte deutsche Schlagersänger Udo Jürgens in einem seiner Lieder.

Abraham – hier noch mit seinem ursprünglichen Namen Abram – ist nicht 66 sondern 75 Jahre alt. Sara, seine Frau (hier: Sarai) ist zehn Jahre jünger. Das ist in der Regel ein Alter, in dem man nicht mehr alles ganz so ernst nimmt, - ein Alter, in dem man den Berufsstress hinter sich hat, das Risikoprofil absenkt, es im Allgemeinen gemütlicher nimmt und sich tendenziell zur Ruhe setzt. Abraham und Sara erleben es ganz anders. Bei ihnen trifft wirklich zu, was Udo Jürgens singt: da ist noch lang noch nicht Schluss. Ja, ihre Geschichte geht in diesem Alter eigentlich erst so richtig los! Mit 75 Jahren noch einmal neu anfangen. Mit 75 Jahren loslassen. Mit 75 Jahren aufbrechen in ein neues Land. Mit 75 weit weg zügeln. *Abram aber war fünfundsiebzig Jahre alt, als er aus Haran zog.*

Mit 75 Jahren zügeln, aber nicht einfach ins nächste Dorf, in die nächste Stadt. Sondern rund 750 bis 800 Kilometer weit zügeln – das ist die Distanz von Haran bis ins südliche Kanaan. Für uns wäre das ein Zügeln in die Slowakei, nach Ungarn oder nach Serbien (Osten). Ein

Zügeln in die Bretagne (Westen). Ein Zügeln nach Sardinien (Süden). Ein Zügeln nach Barcelona (Südwesten). Ein Zügeln nach Hamburg Richtung Dänemark (Norden). Nicht einfach eine Ferienreise dorthin, sondern die endgültige Verlagerung des eigenen Lebensschwerpunkts.

Die Reise von Abraham und Sara ist im Kern eine *Glaubensreise*. Immer wieder haben Männer und Frauen diese Reise der beiden als *exemplarische* Reise entdeckt und gelesen. Es ist eine Reise, die aufdeckt, was es heisst, *im Vertrauen auf den lebendigen Gott im Leben unterwegs zu sein* – als Einzelne, als Paar, als Gottesvolk.

1. Die Glaubensreise beginnt: Gottes Ruf hören

Gott macht den Anfang! Gott gibt das Signal zum Aufbruch! Es ist nicht einfach Abenteuerlust. Die Glaubensreise beginnt mit dem lebendigen Gott selbst und mit seinem Ruf. *Und der HERR sprach zu Abram: Geh aus deinem Vaterland und von deiner Verwandtschaft und aus deines Vaters Hause in ein Land, das ich dir zeigen will.*

Gottes Ruf ist ein Ruf zum Loslassen und ein Ruf zum Aufbrechen. Die vertraute Umgebung, die ihnen Sicherheit und Geborgenheit gibt, loslassen. Aber es geht noch weiter: Abraham und Sara sollen die vertrauten Menschen loslassen. Die eigene Verwandtschaft loslassen. Das eigene Vaterhaus loslassen. Der Ruf Gottes ist hier sehr konkret. Wir spüren sofort, dass das keine einfache Sache ist – dieses Loslassen. Wir spüren sofort, dass das ein Risiko ist, wenn dieser Gottesruf tatsächlich befolgt wird. Die beiden haben ja keine Erfolgsgarantie in der Tasche. Für das Losgelassene erhalten sie zwar die Zusage von einem *Land, das Gott ihnen zeigen will.* Doch im Gegensatz zum sehr konkreten Ruf zum Loslassen ist diese Zusage überhaupt nicht konkret. Sie ist vage und unbestimmt. Gott gibt ihnen keinen Prospekt in die Hand, wie es genau dort aussieht, wo sie hinkommen werden. Und Gott garantiert auch nicht, dass die Reise problemlos verläuft. Die Bibel zeigt uns ja in der Erzählung von Abraham und Sara in den folgenden Kapitel ganz unverblümt und offen, dass es eine ganze Menge von Problemen auf dieser Reise gibt.

Damit wird schon deutlich: es braucht Vertrauen zum lebendigen Gott, wenn man sich auf einen solchen Ruf einlässt und diesen Ruf befolgt. Genau darum gilt Abraham in der biblischen Tradition als Vorbild des Glaubens. Nicht weil er und seine Frau Sara keine Fehler machen – der erste grosse Fehler kommt unmittelbar anschliessend an diese Geschichte. Nein! Sondern weil sie das Risiko auf sich nahmen und es wagten, im Vertrauen auf den lebendigen Gott loszulassen, aufzubrechen, sich auf den Weg zu machen.

2. *Die Glaubensreise beginnt: Gottes Verheissung empfangen*

Und ich will dich zum großen Volk machen und will dich segnen und dir einen großen Namen machen, und du sollst ein Segen sein. Ich will segnen, die dich segnen, und verfluchen, die dich verfluchen; und in dir sollen gesegnet werden alle Geschlechter auf Erden. Gottes Ruf zum Loslassen und Aufbrechen ist begleitet von einer gewaltigen Verheissung. Eine Verheissung, die ihre gegenwärtige Situation ins Gegenteil verkehrt. Sara ist unfruchtbar (vgl. Gen 11,30). Die beiden sind daher kinderlos. Und jetzt vernimmt Abraham, dass ein grosses Volk aus ihnen werden soll. Können sie das glauben? Können sie das glauben im Alter von 75 und 65 Jahren? Können sie das glauben gegen den Augenschein und gegen menschliche Erfahrungswerte? Gott verspricht Nachkommen und einen grossen Namen. Das erinnert an die Erzählung vorher. Beim Turmbau zu Babel ging es darum, dass sich *Menschen* selbst einen grossen Namen machen (vgl. Gen 11,4) – ein Bestreben, das bis zum heutigen Tag weitergeht. Am augenfälligsten im Streben nach Rekorden aller Art und im Bau von hohen Türmen. Hier läuft es ganz anders: es geht es darum, dass der lebendige Gott den Namen eines unscheinbaren Menschen – von dem wir uns ehrlich gesagt fragen, warum Gott eigentlich gerade ihn und seine Frau beruft! – dass *Gott* den Namen Abrahams gross macht.

Gott will mit Abraham ein neues Kapitel in der Geschichte dieser Welt aufschlagen. Er will inmitten einer Geschichte des Unheils (vgl. Gen 3-11) ausgerechnet mit ihm und seinen Nachkommen eine Geschichte des Segens eröffnen und schreiben. Der lebendige Gott verheisst diesem einen Menschen seinen Segen – und wir fragen uns wieder: weshalb eigentlich gerade ihm? Doch wenn wir genau hinschauen, geht es bei diesem Segen um unendlich viel mehr, als dass einfach Abraham als Einzelner gesegnet wird. Er wird gesegnet, *damit andere durch ihn gesegnet werden*. Er empfängt Segen und *er soll Segen weitergeben*. Der Gesegnete wird selber zum Segen. Er soll nicht nur Segen empfangen, sondern *ein Segen sein*. Ja, es kommt sogar zu dieser gewaltigen Verheissung, die weit über Abraham hinausreicht, von der das Neue Testament uns sagt, dass sie schliesslich in Jesus Christus zur Erfüllung kommt: *in dir sollen gesegnet werden alle Geschlechter auf Erden.*

Diese Dynamik des Segens ist heute nicht anders wie damals. Segen ist nie exklusiv. Wenn der lebendige Gott einen Menschen segnet – Abraham segnet, Sara segnet, Dich segnet, mich segnet -, dann ist es gar nicht möglich, dass dieser Mensch darauf hocken bleibt und den göttlichen Segen für sich behält. Das geht gar nicht! Man kann nicht für sich allein ein gesegneter Mensch sein. Segen strahlt aus. Segen geht weiter. Der Gesegnete wird zum Segensträger für andere. Er wird ein Segen sein. Kennen wir diese Dynamik des Segens? Leben wir in dieser Dynamik des Segens?

3. *Die Glaubensreise beginnt und geht weiter*

Und der HERR sprach zu Abram: Geh ... (Vers 1) Da zog Abram aus, wie der HERR zu ihm gesagt hatte ... (Vers 4) Auch eine lange Reise beginnt mit dem ersten Schritt. Auch die Glaubensreise von Abraham und Sara beginnt mit dem ersten Schritt. Dieser erste Schritt und auch die folgenden Schritte sind wirklich ein Wagnis. Diese Schritte bedeuten das Risiko, menschliche Sicherheit und Geborgenheit loszulassen. Gottes Ruf hören und befolgen - das kommt bei Abraham und Sara zusammen – das ist der Beginn seiner Glaubensreise! Glaubend gehorchen und gehorchend glauben – wir können das eine nicht haben ohne das andere. *Seid aber Täter des Worts und nicht Hörer allein.* (Jak 1,22 vgl. Mt 7,21-29).

Glaubensreise meint: Abraham und Sara bleiben unterwegs. Sie kommen zwar im richtigen Land an, aber jeder Ort auf ihrer Reise ist dennoch nur *Durchgangsstation.* Sie sind bis zum Ende ihres Lebens in dieser Welt unterwegs. Hier durchziehen sie das verheissene Land von einen Ende zum anderen. Abraham baut zwei Altäre, um wichtige Orte zu markieren: einmal bei Sichem, *als Gott zu ihm redet*, und einmal in Bethel, *als er zu Gott betet* („rief den Namen des HERRN an"). Beide Altäre sind Zeichen einer lebendigen Beziehung, Zeichen des Gesprächs: Gott redet mit Abraham – Abraham redet mit Gott. Sie reisen weiter in Kanaans Süden (Vers 9) – und schliesslich wegen einer Hungersnot nach Ägypten (Vers 10ff) – später wieder zurück.

Liebe Gemeinde,

wir alle, Du und ich, das ganze Gottesvolk – wir sind auf einer Glaubensreise! Haben wir den Ruf Gottes gehört, der uns aus scheinbaren Sicherheiten herausruft? Haben wir den Ruf Gottes gehört und den ersten Schritt gewagt? Haben wir losgelassen? Sind wir aufgebrochen im Vertrauen auf ihn? Haben wir den Ruf Gottes gehört und gemerkt, dass die Glaubensreise unser ganzes Leben in dieser Welt umfasst? Das sind Fragen, die sich uns stellen, wenn wir uns auf die Geschichte von Abraham und Sara einlassen …

AMEN!

Zwischenfall mit langen Schatten

Sarai, Abrams Frau, gebar ihm kein Kind. Sie hatte aber eine ägyptische Magd, die hieß Hagar. Und Sarai sprach zu Abram: Siehe, der HERR hat mich verschlossen, dass ich nicht gebären kann. Geh doch zu meiner Magd, ob ich vielleicht durch sie zu einem Sohn komme. Und Abram gehorchte der Stimme Sarais. Da nahm Sarai, Abrams Frau, ihre ägyptische Magd Hagar und gab sie Abram, ihrem Mann, zur Frau, nachdem sie zehn Jahre im Lande Kanaan gewohnt hatten. Und er ging zu Hagar, die ward schwanger. Als sie nun sah, dass sie schwanger war, achtete sie ihre Herrin gering. Da sprach Sarai zu Abram: Das Unrecht, das mir geschieht, komme über dich! Ich habe meine Magd dir in die Arme gegeben; nun sie aber sieht, dass sie schwanger geworden ist, bin ich gering geachtet in ihren Augen. Der HERR sei Richter zwischen mir und dir. Abram aber sprach zu Sarai: Siehe, deine Magd ist unter deiner Gewalt; tu mit ihr, wie dir's gefällt. Als nun Sarai sie demütigen wollte, floh sie von ihr. Aber der Engel des HERRN fand sie bei einer Wasserquelle in der Wüste, nämlich bei der Quelle am Wege nach Schur. Der sprach zu ihr: Hagar, Sarais Magd, wo kommst du her und wo willst du hin? Sie sprach: Ich bin von Sarai, meiner Herrin, geflohen. Und der Engel des HERRN sprach zu ihr: Kehre wieder um zu deiner Herrin und demütige dich unter ihre Hand. Und der Engel des HERRN sprach zu ihr: Ich will deine Nachkommen so mehren, dass sie der großen Menge wegen nicht gezählt werden können. Weiter sprach der Engel des HERRN zu ihr: Siehe, du bist schwanger geworden und wirst einen Sohn gebären, dessen Namen sollst du Ismael nennen; denn der HERR hat dein Elend erhört. Er wird ein wilder Mensch sein; seine Hand wider jedermann und jedermanns Hand wider ihn, und er wird wohnen all seinen Brüdern zum Trotz. Und sie nannte den Namen des HERRN, der mit ihr redete: Du bist ein Gott, der mich sieht. Denn sie sprach: Gewiss hab ich hier hinter dem hergesehen, der mich angesehen hat. Darum nannte man den Brunnen »Brunnen des Lebendigen, der mich sieht«. Er liegt zwischen Kadesch und Bered. Und Hagar gebar Abram einen Sohn, und Abram nannte den Sohn, den ihm Hagar gebar, Ismael. Und Abram war sechsundachtzig Jahre alt, als ihm Hagar den Ismael gebar. (Genesis 16,1-16)

Liebe Gemeinde,

Probleme? Ja, es gibt wirklich Probleme! Probleme in unzähligen Spielarten, in unzähligen Variationen. Wir alle können ein Lied davon singen.

- Da gibt es Paare, die sich sehnlichst Kinder wünschen – und doch keine bekommen.
- Da gibt es Versprechen, die sich so lange verzögern, dass man denkt, dass sie nie mehr erfüllt werden.

- Da gibt es Versuche, bei Problemen selber „etwas“ nachzuhelfen, die damit enden, dass man noch tiefer im Sumpf steckt.
- Da gibt es Angestellte, die ihre Vorgesetzten missachten.
- Da gibt es Männer, die zwischen zwei Frauen eine schwache Figur machen.
- Da gibt es Männer und Frauen, die bei auftauchenden Problemen kämpfen oder flüchten (fight or flight) – oder beides nacheinander.
- Da gibt es Menschen, die in ihrem Leben in eine totale Sackgasse geraten und nicht mehr wissen, wie es weitergehen soll.
- Da gibt es Knaben, die so wild sind, dass sie ihre Mitmenschen an ihre Grenzen bringen.
- Und so weiter. Und so fort. Alle diese Spielarten von Problemen, die ich gerade aufgezählt habe, kommen in dieser Erzählung der Bibel vor.

Vier Menschen treffen wir hier: *Abraham* – hier mit seinem ursprünglichen Namen Abram. *Sara* – hier mit ihrem ursprünglichen Namen Sarai. *Hagar*, ursprünglich aus Ägypten. *Ismael,* das Kind, dessen Name „Gott hört“ bedeutet. Drei Erwachsene – ein Kind. Zwei Frauen – ein Mann. Altorientalische Variante einer Dreiecksbeziehung. Eine Frau, die sich sehnlichst Kinder wünscht und bis ins hohe Alter keine bekommt. Eine Frau, die ungefragt zu einem Kind kommt. Ein Mann, der überfordert ist. Nur vier Menschen – und doch so viele Probleme!

Die Kinderlosigkeit von Abraham und Sara ist wirklich ein handfestes Problem. Damals bedeutete das konkret: die beiden haben keine Altersvorsorge! Das Geschlecht wird aussterben. Das ist mehr als einfach ein Makel. Es ist mit dem Verdacht göttlicher Strafe und daher mit Scham belegt. Während die Altersgenossen bereits mit den Grosskindern beschäftigt sind, tut sich nichts bei Abraham und Sara. Dazu kommt, um die Spannung noch zu vergrössern, diese göttliche Zusage von Kindern, von vielen Nachkommen sogar, die sich über Jahre einfach nicht erfüllt.

Man muss sich das vorstellen: von Gott selbst eine Verheissung bekommen – und dann geschieht es einfach nicht. Der lebendige Gott hat ihnen Kinder versprochen - in ihrem Alter eine absolute Ausnahme – eine schiere Unmöglichkeit. *Mehrmals* haben sie diese Zusage, diese Verheissung von Gott bekommen. Doch es geschieht nicht. Haben sie sich getäuscht? Haben sie sich „verhört“? Haben sie ihre eigene Fantasie mit Gottes Reden verwechselt? Wie sollen sie Gott vertrauen, wenn er spricht – und dann doch nichts geschieht?

Zehn Jahre gehen ins Land. Zehn Jahre Warten. Zehn Jahre Hoffen und Bangen. Zehn Jahre *vergebliches* Warten. Zehn Jahre *enttäuschte* Hoffnung. Kennen wir das? Haben wir das auch schon erlebt? Zehn Jahre – und nichts geschieht? Kein Bauch, der sich rundet, bei Sara. Kein Kindergeschrei in Abrahams und Saras Zelten. Wenn wir uns das genauer überlegen, dann können wir die Frustration der beiden wirklich verstehen.

Nun richtet sich der Fokus auf Sara. Sie ergreift nach all den Jahren des Wartens die Initiative. Das ist menschlich, allzu menschlich. Vielen von uns ist das vertraut: *wenn etwas nicht läuft, wie wir uns das vorstellen, dann helfen wir eben nach* ... Wir greifen zu Verhaltensweisen, Mitteln und Methoden, die uns bei nüchterner Betrachtung und unbestechlichem Nachdenken vielleicht sogar selber problematisch erscheinen – wir tun es trotzdem.

Sara ist, so würden wir es heute sagen, *lösungsorientiert.* Sie sieht das Problem. Sie hat eine Lösung bereit. Wo es Probleme gibt, da gibt es auch Lösungswege – sagen lösungsorientierte Menschen - und werden proaktiv ... Sara hat eine Lösung. Ihre Lösung hat einen Namen: Hagar. Abraham wird nicht gefragt, Hagar schon gar nicht. Nun mag für unsere Ohren befremdlich klingen, was sich dann weiter abspielt: die ägyptische Sklavin wird *genommen* und *gegeben* (wie ein Gegenstand), wird „Leihmutter" und bekommt ein Kind für die Herrin. Wir wissen aus altorientalischen Texten, dass das rechtlich völlig korrekt und gesellschaftlich vollkommen akzeptiert war.

Doch: was nützt das, wenn die Lösung eines Problems zu einer *Vermehrung* der Probleme führt? Was nützt das, wenn wir ein Problem „lösen" und dafür fünf neue bekommen? Ich kenne das zur Genüge – angefangen bei kleinen handwerklichen Dingen in Haus und Garten bis hin zu ganz grossen Fragen. Was nützt das – frage ich weiter -, wenn trotz korrektem Vorgehen alle beteiligten Personen überfordert sind? Nicht alles, was rechtlich korrekt und gesellschaftlich akzeptiert ist, führt in unseren Leben wirklich zum Ziel. Manches, was wir uns selber als Lösung zurecht legen, führt schlicht und ergreifend an den Abgrund und ins Scheitern menschlicher Beziehungen. Unsere Erzählung entwickelt sich zur Beziehungs-Tragödie. Wir melden als heutige Leserinnen und Leser intuitiv Widerspruch an: das geht doch gar nicht, was Sara da einfädelt! Das *kann* doch gar nicht funktionieren! Das ist doch eine Überforderung für alle Beteiligten! – Doch merken wir es auch dann, wenn wir *uns selber* in solche Situationen hineinmanövrieren?

Es kommt, wie es kommen muss. Hagar ist stolz und verachtet Sara. Sara ist sauer und beschuldigt Abraham für die Konsequenzen ihrer eigenen Idee. Abraham ist überfordert mit beiden Frauen und ratlos, zieht sich aus seiner Verantwortung zurück und überlässt diese unangenehme Sache seiner Sara – ein unter Männern nicht unübliches Verhalten bis zum heutigen Tage. „Abraham spielt zwischen diesen beiden starkknochigen Frauen eine etwas unglückliche Rolle“ – schreibt der Alttestamentler Hermann Gunkel in einem zutreffenden Understatement. Sara bekommt von Abraham freie Hand (frei übersetzt: *mach doch mit ihr, was Du willst*) und gibt anschliessend Hagar den Tarif durch. Hagar haut ab, weil sie die übertriebene Demütigung nicht mehr aushält. Sie flieht in die Wüste, in Richtung Ägypten, dem Ort ihrer Herkunft. Mit ihrer Flucht entschwindet auch die ausgeheckte, eingefädelte, einleuchtende, rechtlich und gesellschaftlich akzeptierte Lösung. Leihmutter weg – Kind weg – Hoffnung weg – Lösung weg. Der Scherbenhaufen ist perfekt! Alle Beteiligten stehen als Verlierer da.

Liebe Gemeinde!

Kennen wir auch diese Scherbenhaufen? Kennen auch wir diese total verfahrenen Situationen, wo einfach alles in Brüche geht? Unsere Hoffnungen, unsere Zukunftspläne, unsere Problemlösungen, unsere Lebensträume? Kennen wir auch dieses Gefühl, in einer totalen Sackgasse zu stecken, wo es nicht mehr weitergeht – persönlich, beruflich, familiär?

Doch jetzt kommt der beste Teil dieser verkachelten Geschichte – der Fokus wechselt zu Hagar. Am tiefsten Punkt greift der lebendige Gott ein in der Gestalt dieses geheimnisvollen Boten. In unserer Vorstellung sollte das natürlich früher sein, nämlich so, dass es *gar nicht zum Tiefpunkt kommt*. Aber die Realität ist oft anders. Hagar ist in die Wüste geflohen. Sie ist in eine totale Sackgasse geraten. Und genau dort begegnet ihr der lebendige Gott. Was für eine Wende! Sie merkt: Jetzt am *Tiefpunkt* bin ich nicht allein! Gott lässt mich in der *Sackgasse* nicht allein! Gott lässt mich mit diesem *Scherbenhaufen* nicht allein!

Hagar – Gott spricht sie mit ihrem Namen an. Sie, die Ägypterin, die Fremde. Sie, die Magd, die Sklavin. Sie, die Leihmutter. Sie, über die einfach verfügt wurde. Sie, die Flüchtende. Kein Mensch ist für Gott eine Nummer. Kein Mensch ist für Gott nur eine *Human Ressource*. Was für eine Würdigung der bedrückten und bedrängten Hagar. Sie wird Empfängerin einer göttlichen Offenbarung. Sie bekommt das Recht auf ihr Kind – entgegen altorientalischem Recht. Gott offenbart ihr sogar den Namen ihres Kindes, was biblisch gesehen extrem selten geschieht.

Hagar, Sarais Magd – Gott weiss, was Hagar in Richtung Ägypten treibt. Gott kennt ihre soziale Stellung und weiss genau, dass Hagar ungefragt genommen und gegeben wurde – und jetzt als Folge davon dieses Kind in sich trägt. Gott weiss, was es heisst, Magd und Sklavin zu sein.

Hagar, Sarais Magd, wo kommst du her, und wo willst du hin?

Wie so oft begegnet der lebendige Gott einem Menschen und stellt eine Frage, die es in sich hat. Es sind im Kern seelsorgerliche Fragen:

- Adam, wo bist Du? (vgl. Gen 3,9) – Die Frage nach dem eigenen Standort.
- Kain, wo ist Dein Bruder Abel? (vgl. Gen 4,9) – Die Frage nach geschehenem Unrecht.

Hier fragt der Engel des HERRN, der geheimnisvolle Gottesbote: *Wo kommst du her und wo willst du hin?* Hättest Du eine Antwort, wenn Gott Dir heute diese Frage stellen würde? Diese Frage nach dem *Woher* und nach dem *Wohin*. Hagar hat nur eine Antwort auf den ersten Teil (Woher?). Aber sie hat keine Antwort auf den zweiten Teil der Frage (Wohin?). Sie gibt zu, was passiert ist. Und sie gibt zu, dass sie nicht weiss, wie es weiter geht. Sie weiss weder aus noch ein.

Jetzt – erst jetzt – genau jetzt gibt ihr Gott Wegweisung – jetzt, wo sie selber nicht mehr weiter weiss. Doch diese Wegweisung ist happig. Sie erinnert mich an zwei Spiele, die ich in meiner Kindheit und Jugend oft gespielt habe: Leiterlispiel und Monopoly. *Zurück auf Feld 1. Zurück nach Chur Kornplatz (Monopoly). Hier: Zurück zu Sara. Zurück zu Abraham. Umkehren! Nicht weiter fliehen – nicht weiter vor den Problemen davon laufen – nicht weiter abhauen, sondern: Umkehren!* Genau das wird der lebendige Gott noch oft Frauen und Männern sagen, die ihm wirklich begegnen: Kehre um! Wir spüren intuitiv, dass dies kein einfacher Weg ist. Aber manchmal ist das genau der richtige und einzige Weg: Kehre um! Vielleicht auch für Dich. Vielleicht auch für die Sackgasse, in die Du geraten bist. Wie kommen wir *im Verkehr* aus einer Sackgasse heraus? Im Normalfall nur, indem wir umkehren!

Am Tiefpunkt meiner Lebensreise ist mir der lebendige Gott begegnet. Da war ich nicht allein. Als alles zerbrach, war Gott da. Das ist Hagars Geschichte. Das ist auch Josefs Geschichte, wenn wir an die beiden Tiefpunkte in der Zisterne und im Gefängnis denken. Das ist auch die Geschichte des Gottesvolks am Roten Meer – vor sich das Meer, hinter sich das ägyptische Heer. Das ist die Geschichte unzähliger Menschen seither. Tiefpunkte, Sackgassen, Scherbenhaufen – und dann ist Gott da, lässt mich nicht allein, nimmt mich in seine Arme. Der lebendige Gott begegnet mir da, wo es nicht mehr weiter geht, wo ich weder aus noch ein weiss, wo ich zwischen allen Stühlen sitze. So wird der Tiefpunkt zur Gottesbegegnung und zum Neuanfang. Hagar fasst das zusammen in einem kurzen Satz. Sie nennt Gott mit einem Namen: El-Roi. Sie sagt – und das lässt sich verschieden übersetzen: *Der Gott, der mich sieht, lebt.* (Walter Brueggemann) – oder: *Du bist der Gott, der nach mir schaut.* (Jan Alberto Soggin) oder: *Du bist der Gott des Sehens.* (Lothar Ruppert) oder: *Du bist ein Gott, der mich sieht.* (Lutherübersetzung) Was für ein Satz!

Du bist ein Gott, der nach mir schaut, der mich sieht! Gott sieht, wie es mir geht, was mich beschäftigt, was mich umtreibt. Gott sieht das Woher und das Wohin meiner Lebensreise. Gott sieht meine Freuden und Sorgen, sieht mein Lieben und Leiden, meine Siege und Niederlagen, meine Höhen und Tiefen. Gott sieht mich – er schaut mich an. Er sieht meine Probleme, meine Nöte, mein Versagen, meine Trauer. Er sieht meine Tiefpunkte, meine Sackgassen, meine Scherbenhaufen.

Du bist ein Gott, der mich sieht! Wenn Du an den tiefsten Punkt kommst, dann sage diesen Satz. Wenn Du keinen Ausweg mehr siehst, dann sage diesen Satz. Wenn Du vor einem Scherbenhaufen stehst, dann sage diesen Satz. Wenn Du alles vergessen solltest, was ich heute gesagt habe, dann merke Dir diesen einen kurzen Satz: *Du bist ein Gott, der mich sieht!*
Diese Erzählung ist ein Beispiel dafür, dass die biblische Tradition, so wie sie uns jetzt vorliegt, Frauen und Männer des Glaubens unbestechlich schildert und ihr Fehlverhalten nicht beschönigt, sondern offenlegt. Und trotzdem wird deutlich, dass der lebendige Gott in seiner Gnade genau mit diesen Menschen, die wie wir alles andere als perfekt sind, einen Weg geht durch Irrungen und Wirrungen hindurch.

Gott, der Lebendige, sieht und hört, holt in der Wüste ein, fragt seelsorgerlich nach, schickt ins Leben und in die schwierige Situation zurück. Aber er macht Mut, gibt Kraft und schenkt eine neue Perspektive.

Liebe Gemeinde,

Gott ist so gross und so gnädig, dass er auch unsere Umwege, unsere Irrwege, unser Versagen, unsere fehlgeschlagenen Lösungen in seinen grossen Masterplan mit unserem Leben und mit dieser Welt integrieren kann. Das gilt für einzelne Menschen. Das gilt für ganze Völker. Das gilt für die Kirche Jesu Christi. Das gilt für die Kirchgemeinde hier. *Ich glaube,* - schreibt Dietrich Bonhoeffer im Gefängnis - *dass auch unsere Fehler und Irrtümer nicht vergeblich sind, und dass es Gott nicht schwerer ist, mit ihnen fertig zu werden, als mit unseren vermeintlichen Guttaten.*
Du bist ein Gott, der mich sieht!

AMEN!

Gott lässt sich Zeit

Sara wurde hundertsiebenundzwanzig Jahre alt und starb in Kirjat-Arba – das ist Hebron – im Lande Kanaan. Da kam Abraham, dass er sie beklagte und beweinte. (...) Das ist aber Abrahams Alter, das er erreicht hat: hundertundfünfundsiebzig Jahre. Und Abraham verschied und starb in einem guten Alter, als er alt und lebenssatt war, und wurde zu seinen Vätern versammelt. (Genesis 23,1-2; 25,7-8)

Liebe Gemeinde,

Abraham und Sarah. Beide haben ein stolzes Alter erreicht. Für Sarah werden 127 Lenze notiert und Abraham soll es gar auf 175 Jahre gebracht haben. Bevor wir aber das Alter der beiden ins Reich des Sagenhaften und Unglaublichen verbannen, lohnt es sich, mit den besten Suchmaschinen das Internet zu durchforsten. Das Ergebnis lässt uns aufhorchen, auch wenn man nicht jede Meldung für bare Münze nehmen muss. Die älteste Schweizerin Anna Ringier in Zofingen wurde am 12. April 2006 110 Jahre alt. Zwei Engländerinnen im fortgeschrittenen Alter von 109 Jahren sollen sich darüber streiten, wer von ihnen beiden nun die älteste Frau der Welt sei. Im August 2006 starb laut Angaben des Guiness Buchs mit Maria Esther de Capovilla der älteste Mensch mit 116 Jahren. Eva Morris soll es auf 115, Marie Louise Febronie Meilleur aus Kanada auf 117, Sarah Knauss aus den USA auf 119, Dora Jacobs auf 120, Jeanne Louise Calment auf 122 und der Kaukasier Gairchan Irischanow auf sage und schreibe 134 Jahre gebracht haben. Doch nicht genug damit: Auf einer sowjetischen Briefmarke aus dem Jahre 1956 ist Machmud Aiwasow abgebildet – Geburtsjahr 1808 – er starb im Jahr 1959 im Alter von 151 Jahren. Die nach meiner Einschätzung verrückteste und süffigste Meldung aber kam am 10. Mai 2000 aus dem Iran und wurde von der *Agence France Press* verbreitet:

„Der älteste Mensch der Welt ist angeblich ein 145 Jahre alter Iraner. Mirsa Baba Babai halte sich durch Reiten fit, berichtete die amtliche iranische Nachrichtenagentur IRNA am Mittwoch. Babai lebe in der nordöstlichen Provinz Ardebil, wo angeblich zahlreiche Hundertjährige zu Hause sind. Eine offizielle Geburtsurkunde gibt es aber offenbar nicht. Für seine Grossfamilie mit zehn Söhnen, 80 Enkeln und 200 Urenkeln führe der rüstige Greis noch immer das Vieh auf die Weide. Wie sein 120-jähriger Sohn erfreue sich Mirsa Baba Babai bester Gesundheit und habe immer noch die eigenen Zähne im Mund. Den Angaben zufolge ernährt sich Babai von natürlichen Lebensmitteln und geht selten zum Arzt."

Die Geschichte von Abraham und Sarah übt eine eigene Faszination auf uns aus. Auf den ersten Blick ist eine Geschichte eines kinderlosen orientalischen Ehepaars, das im hohen Alter dann doch noch ein eigenes Kind namens Isaak bekommt. Auf ihrer Lebensreise kommen sie an vielen Orten vorbei: von Ur zügeln sie einige hundert Kilometer westwärts nach Haran, dann später nach Sichem in Kanaan, nach Ägypten, nach Hebron und Mamre usw. Sie sind Nomaden, brechen ihre Zelte oft ab und stellen sie wieder auf, ziehen mit ihren Herden oft weiter auf der Suche nach Weideland. Sie sind unterwegs bis ins hohe Alter – auch unterwegs mit dem lebendigen Gott. Es ist die Lebensgeschichte von zwei Menschen, die das Vertrauen zu Gott erlernen und einüben. Manchmal redet Gott zu ihnen und manchmal auch nicht. Manchmal erscheint ihnen Gott und manchmal auch nicht. Das liegt nicht in ihrer Hand. Manchmal vertrauen sie Gott - und manchmal zweifeln sie auch an seinen Zusagen.

Wer den Bericht von den beiden liest, der horcht auf bei den Altersangaben. Abrahams Alter wird meistens vermerkt, wenn Gott zu ihm spricht. Als Abraham 75 Jahre alt ist, redet Gott ein erstes Mal zu ihm und fordert ihn auf, seine Zelte in Haran nun definitiv abzubrechen und nach Kanaan zu ziehen. Wie würden wir auf eine solche göttliche Einladung zum Aufbruch reagieren? Mit all den Konsequenzen, die das mit sich bringt? Die Verwandtschaft verlassen, die langjährigen Freunde zurücklassen, das bedeutet Loslassen. Es ist ein grosses Wagnis. Das Ergebnis ist unsicher. Und die beiden haben ja keine Garantien und Sicherheiten, sondern „nur" (in Anführungszeichen!) ein Wort Gottes, eine *doppelte Zusage*, die Gott ihnen gegeben hat. Und um diese doppelte Zusage geht es in der ganzen Geschichte von Abraham und Sarah. Gott verspricht ihnen ein Land und er verspricht ihnen eine Fülle von Nachkommen, obwohl sie bis jetzt kinderlos sind! Das Land dürfen sie schon bald sehen, aber der erste direkte Nachkomme lässt lange auf sich warten.

Zehn Jahre später, als Abrahams bereits 85 Jahre alt ist, kommen sie auf eine Idee. Sie sind gedanklich kreativ. Ja, vielleicht muss es so gehen. Wir könnten der Verheissung von Gott ja etwas *nachhelfen*. Der Nachkomme muss ja nicht zwingend von Sarah selber sein – er könnte doch von ihrer Dienerin Hagar kommen und dann als Erbe und Sohn behandelt werden. Ein im Vorderen Orient damals sauberes und gängiges Vorgehen. Doch die eigene Idee entpuppt sich als Bumerang. Statt Freude über die Nachkommenschaft kehrt nun bittere Konkurrenz und Neid ein.

Für einige Jahre schweigt unser Bericht aus dem Buch Genesis. Was ist in all diesen Jahren passiert? War es langweilig? Hat Gott sie mit neuen Mitteilungen versorgt? Oder hat er sie zappeln lassen? So wie es aussieht, ist eher das zweite der Fall. Der Erzähler hält erst nach Ablauf von weiteren 14 Jahren fest, dass Gott sich wieder meldet. Und wieder ist es die *gleiche* Botschaft: es geht um Land und um Nachkommen. Sie werden einen Sohn erhalten. Doch nun präzisiert Gott seine Verheissung. Es wird nicht mehr lange gehen.

Und dann erhalten Abraham und Sarah diesen ominösen Besuch. Drei Gestalten machen Rast bei den beiden. Gott kommt als Besucher zu ihnen – in menschlicher Gestalt. Er nimmt ihre Gastfreundschaft in Anspruch – und Abraham ist ein vorzüglicher orientalischer Gastgeber. Er lässt es seinen Gästen an nichts mangeln. Er gibt, was er geben kann, um seine Gäste zu verwöhnen. Diese Begegnung mit den drei Gestalten wird zur Begegnung mit Gott. Die beiden vernehmen Gottes Reden, das nun noch konkreter ist: *Nächstes Jahr um diese Zeit komme ich wieder zu dir, dann wird deine Frau einen Sohn haben.* So teilt es der eine Besucher mit. Aber die beiden warten ja schon lange. Und sie sind müde geworden. Sie können es nicht mehr so richtig glauben. Sie glauben zwar schon an den lebendigen Gott, aber nicht mehr so richtig an seine Zusage, die sie vor bald 25 Jahren erhalten haben. Sie hat sich ja doch nicht erfüllt. Sarah lacht sogar für sich. Das ist ihre ehrliche Reaktion. Ja, die Menschen der Bibel sind Menschen wie wir – und Gott geht doch seinen Weg mit ihnen.

Wir müssen das einen Moment auf uns wirken lassen. 25 Jahre warten auf die Erfüllung einer Zusage, eines Versprechens, einer Verheissung. Ja, so war es bei Abraham und Sarah. Ja, so kann es auch bei uns sein. *Gott hat Zeit. Und Gott lässt sich Zeit.* Auch in unserem Leben und im Aufbau einer christlichen Gemeinde treten nicht alle göttlichen Zusagen sofort ein. Auch wir befinden uns in manchen Dingen in der gleichen Schule, die Abraham und Sarah durchlaufen haben. Es ist die *Schule des Vertrauens zu unserem Gott*. Vertrauen wir, auch wenn wir warten müssen? Vertrauen wir unserem Gott, wenn scheinbar nichts Besonderes passiert? Vertrauen wir ihm, wenn alles seinen ganz normalen Gang nimmt? Vertrauen wir unserem Gott, auch wenn der Zweifel an uns nagt? Vertrauen wir, auch wenn ein paar Jahre Funkstille ist? Vertrauen wir unserem Gott, auch wenn wir noch viele offene Fragen haben?

Dieses Vertrauen möchte Gott in unser Leben einpflanzen und wachsen und reifen lassen. Dazu braucht es Zeit. Das Wachstum unseres Vertrauens zu Gott ist ein Weg, ein Prozess. Aber Gott hat Zeit. Und Gott lässt sich Zeit, damit unser Vertrauen zu ihm wachsen kann.

Der Bericht der Bibel schildert uns, dass Gott siebenmal mit Abraham redete. Die Lücken von einem Reden Gottes bis zum nächsten sind teilweise gross. Es ist offen, ob Gott noch mehr zu Abraham gesprochen hat. Vielleicht ja, vielleicht auch nein. Sieben Mal in 175 Jahren! Und doch war es genug für Abraham. Übrigens hat Gott ihm *immer wieder das Gleiche bestätigt*. Er hat seine Ohren nicht ständig mit Neuem gekitzelt, sondern das Wichtige, das Zentrale, das Wesentliche bestätigt und gefestigt: das verheissene Land und die verheissenen Nachkommen. Land und Nachkommen. Land und Nachkommen …

Kurzer Gedankenstrich: vielleicht ist es mit Gottes Reden an uns ja auch so. Nicht ständige News sondern die Festigung und Bestätigung dessen, was für uns und unser Leben ganz zentral und wichtig ist ... Und doch ist eines auffällig: das Reden Gottes zu Abraham wird mehr und mehr zu einem Zwiegespräch der beiden. Die Gespräche mit Gott werden länger und Gottes Zusagen werden präziser und konkreter.

Schliesslich der Höhepunkt: Das siebte und letzte Mal berichtet uns die Bibel, wie Gott mit Abraham redet. Und es ist *das härteste, das schwierigste Reden Gottes, das wir uns überhaupt vorstellen können*. Dieser langersehnte Sohn, dieses erfüllte Versprechen Gottes, dieser Isaak soll geopfert werden. Wir spüren den inneren Aufschrei: Das kann doch nicht sein – das darf doch nicht sein – das ist doch unmöglich Gottes Reden – das kann doch nicht sein!

Wer sich informiert, der weiss, dass Kinderopfer in vielen Kulten zur Zeit Abrahams „normal" waren. Dieser schreckliche Brauch war „normal" – so wie es in unseren Tagen auch viele schreckliche Dinge gibt, die wir und unsere Zeitgenossen als „normal" empfinden, auch wenn sie es gar nicht sind. Vielleicht reagiert Abraham deshalb in unserem Bericht so folgsam auf dieses Reden Gottes, weil es zu dieser Zeit durchaus religiös normal war. Er trifft die Vorkehrungen und macht sich auf die Reise. Abraham, so wie er hier geschildert wird, geht den erstaunlichen Weg. Er ist bereit Gottes Geschenk, auf das er so ungeheuer lange gewartet hat, preiszugeben, in Gottes Hände zurückzugeben, zu opfern. Aus seinen Worten spricht ein fast übermenschliches Vertrauen zum lebendigen Gott, der einen Ausweg schenken wird in dieser unmöglichen Situation. Und als er auch zum totalen Loslassen bereit ist, da wird ihm dieser Sohn nochmals geschenkt.

Ich behaupte wirklich nicht, dass ich diese verrückte Geschichte von der Fast-Opferung Isaaks durchdrungen und begriffen habe. Wollte Gott ein für allemal klarstellen, dass er Kinderopfer verabscheut? Die spätere biblische Tradition ist in diesem Punkt ganz scharf und eindeutig. Aber wie lässt sich dann unsere Geschichte damit vereinbaren? Da gibt es keine einfachen Erklärungen.
Und doch kennen wir auch wir solche Erfahrungen, in denen wir total loslassen mussten oder vielleicht gerade jetzt loslassen müssen. Das eigene Leben loslassen – das Leben von anderen Menschen, die uns viel bedeutet haben, loslassen und in Gottes Hände geben. Vielleicht ist es auch etwas, von dem wir den Eindruck hatten, dass es uns von Gott geschenkt worden ist. Und dann vertrauensvoll in die Hände von Gott legen und loslassen. Das ist der grosse Härtetest, die Feuerprobe für Abrahams Vertrauen zu Gott: dieses Loslassen. So steht dieses Vertrauen zum lebendigen Gott heute vor uns, das mit Abrahams und Sarahs Namen und ihrer Geschichte verbunden ist. Wir sind eingeladen, in unserem Leben diesem Vertrauen zu Gott, unserem Schöpfer und Befreier, Raum zu geben, damit es wachsen kann.

AMEN!

Betrüger und Betrogener

Und als nun die Knaben groß wurden, wurde Esau ein Jäger und streifte auf dem Felde umher, Jakob aber ein gesitteter Mann und blieb bei den Zelten. Und Isaak hatte Esau lieb und aß gern von seinem Wildbret; Rebekka aber hatte Jakob lieb. Und Jakob kochte ein Gericht. Da kam Esau vom Feld und war müde und sprach zu Jakob: Lass mich essen das rote Gericht; denn ich bin müde. Daher heißt er Edom. Aber Jakob sprach: Verkaufe mir heute deine Erstgeburt. Esau antwortete: Siehe, ich muss doch sterben; was soll mir da die Erstgeburt? Jakob sprach: So schwöre mir zuvor. Und er schwor ihm und verkaufte so Jakob seine Erstgeburt. Da gab ihm Jakob Brot und das Linsengericht, und er aß und trank und stand auf und ging davon. So verachtete Esau seine Erstgeburt. (Genesis 25,27-34)

Liebe Gemeinde,

Jakob! Vor ein, zwei Generationen war das einer der beliebtesten Namen für Knaben. Aber Hand aufs Herz. Würden Sie Ihr Kind Jakob nennen? Würden Sie Ihrem Kind den Namen eines Patriarchen geben, dessen Leben im Zeichen des Betrugs steht? Wahrscheinlich würden wir nach dem Lesen seiner Geschichte mindestens zögern ... Und *trotzdem* lässt Gott den Jakob nicht hängen und sitzen. *Trotzdem* ist Gott mit ihm und seiner Familie unterwegs. *Trotzdem* schreibt Gott mit diesem fehlbaren Menschen seine Geschichte. Und vielleicht gibt es ja auch in unserem Leben dieses *Trotzdem* von Gott...

Jakob – das ist die Geschichte eines Betrügers. Der erste Betrug ist der Moment, wo Jakob dem hungrigen Esau das Erstgeburtsrecht abluchst. Es ist die bekannte Geschichte vom Linsengericht. Jakob haut seinen Bruder übers Ohr. Der zweite Betrug ist der erschlichene Segen. Eigentlich möchte Vater Isaak den Esau segnen. Doch Mutter Rebekka und Sohn Jakob betrügen gemeinsam den Vater. Eigentlich schrecklich. Isaak und Esau werden von ihren engsten Angehörigen betrogen – aber auch das geschieht ja heute genauso wie damals und es ist genauso bitter wie damals.

Jakob - das ist die Geschichte eines Betrügers und eines Betrogenen. Betrügen und betrogen werden. Jakob wird in seinem Leben zwei Mal ganz schrecklich betrogen. Und auch diese beiden Vorfälle prägen sein weiteres Leben. Jeder Betrug hinterlässt seine Spuren im Leben. Kein Betrug geht *spurlos* an den Menschen vorüber, die ihn *begehen* und an denen, die ihn *erleiden*. Jakob flieht – und geht zu Laban. Ausgerechnet zu Laban. Und Laban betrügt ihn. Nachdem er sieben Jahre für Rahel gearbeitet hat – er hatte ja keinen Brautpreis dabei – da erhielt er statt der Geliebten ihre Schwester Lea. Natürlich bekam er dann auch noch Rahel als Frau und musste nochmals sieben Jahre für sie arbeiten. Und Laban hat sogar noch einen

Grund für seine Schweinerei: ja, ja, die gängigen Heirats-Traditionen. Jakob in der Rolle des Betrogenen – wie hat er sich wohl gefühlt? Und dann der zweite Betrug. Er wurde sinnigerweise Opfer eines Betrugs, den *seine eigenen Söhne* inszenierten. Von seinem Sohn Josef, der von seinen Brüdern für Bargeld nach Ägypten in die Sklaverei verkauft worden ist, bekommt er nur noch das blutige Kleid. Es ist fast unvorstellbar, einen Sohn auf diese Art zu verlieren – und von den eigenen Söhnen auf diese Art betrogen zu werden.

Wenn ich diese vier Betrugsfälle (zweimal Betrug von Jakob und zweimal Betrug an Jakob) zusammenstelle, dann lässt mich ein Bibel-Wort nicht mehr los: *„Was der Mensch sät, das wird er ernten!"* (Gal 6,7) Auch für den Patriarchen Jakob gilt das Prinzip von Saat und Ernte. Seine Betrügereien haben Konsequenzen. Am eigenen Leib muss er schmerzhaft erfahren, was es heisst, betrogen zu werden. Und wenn wir nicht eine grosse Ausnahme darstellen, dann gilt es auch für uns und für die Menschen, die wir lieben. Was wir säen, das werden wir ernten.

Jeder Bauer weiss das. Wer Weizen sät, wird Weizen ernten und nicht Gerste und nicht Hafer. Wer Rüben sät, bekommt keine Sellerie und umgekehrt. Natürlich kommt es nicht immer zum gewünschten Gedeihen und zur Ernte - das wissen wir auch. Nicht jede Saat geht auf und bringt die erhoffte Frucht. Und doch trifft es im Allgemeinen zu: *Was der Mensch sät, das wird er ernten.* Wenn in einer Gesellschaft gelehrt wird, dass jeder nur an sich selbst und seine eigenen Bedürfnisse denkt, dann werden wir das auch ernten: kalten Egoismus. Wenn über Generationen Hass gegenüber anderen Menschen, Gruppen und Völkern gepflanzt wird, dann darf man sich nicht wundern, wenn dies – wie beispielsweise auf dem Balkan – in Kriege ausartet. Die Saat ging auf - leider. Aber es wurde schon lange gesät. Aber auch in unserem eigenen Umkreis hat manches mit Saat und Ernte zu tun. Darum lohnt es sich, in einem unbestechlichen Moment Bilanz zu ziehen: Was säe ich eigentlich mit meinem Leben, mit meinem Denken, mit meinem Tun? Säe ich Liebe oder Hass? Säe ich Gemeinschaft oder Zwietracht? Säe ich Wahrhaftigkeit oder Schwindel? Wo habe ich – trotz der Vergebung, die Gott mir unverdienterweise schenkt – in meinem Leben Konsequenzen vergangener Fehler zu tragen?

Nun kommt dieses *Trotzdem* Gottes. Jakobs Probleme werden von Gott nicht ignoriert, sondern ernstgenommen. Ich würde sogar soweit gehen und sagen: Gott verordnet ihm eine Therapie. Die Therapie besteht darin, dass er selber die Rolle wechselt, indem er vom Täter zum Opfer wird. Jakob lernt, was es heisst, betrogen zu werden. Jakob lernt schmerzhaft und leidvoll, was es heisst, auf der anderen Seite zu stehen.

Das ist ja gerade die Pointe dieser Geschichten von Abraham und Sara, von Isaak und Rebekka, von Jakob mit Lea und Rahel. Sie sind voll von schrägen, irritierenden Elementen. Alle diese Geschichten sind voller Menschlichkeit. Alle diese Geschichten schildern ungeschminkt die Grenzen und Schwächen ihrer Hauptdarsteller. Aber ist denn unser eigenes Leben so ganz anders?

Trotzdem geht Gott seinen Weg mit ihnen. *Trotzdem* schreibt Gott mit ihnen seine Geschichte. Nicht mit einer „Schwamm drüber"-Strategie. Nicht mit einem Persilschein, den er ihnen aushändigt. Nicht mit einer reinen Weste, die er gegen ihr schmutziges Hemd tauscht. Sondern indem er *trotzdem* mit ihnen seinen Weg geht und seine Geschichte schreibt. Ihre Fehler stehen noch heute schwarz auf weiss im ersten Buch der Bibel vor uns (eigentlich peinlich – wer wünscht sich das?) – aber dieses *Trotzdem* Gottes eben auch.

Dieses Mitgehen, Mitleiden und Mittragen Gottes wird durch die ganze Jakobsgeschichte hindurch spürbar. Wenn wir die Erzählungen davon, wie Gott dem Jakob begegnet ist, nebeneinanderstellen, dann wird klar: Es war an den wichtigen, einschneidenden Punkten seines Lebens. Präziser: es waren die Tiefpunkte seines Lebens! Gerade da gibt seine Verheissung und zeigt, wie es *trotzdem* weitergehen kann. Und so überrascht es auch nicht, was Jakob bei seiner vierten Begegnung über Gott sagt: *„der mich in der Not gehört und mich auf meinem ganzen Weg bis hierher begleitet hat."* (Gen 35,3)

Ich fasse zusammen: Gott ist unbestechlich. Er hat einen scharfen Blick für unsere Chancen und Grenzen, für unsere Begabungen und unsere Schlagseiten, für unsere Stärken und unsere Schwächen. Er nimmt uns in seine Schule und will uns lehren, mit unseren Schattenseiten umzugehen. Jakob muss lernen, seinem Bruder Esau und seinem Vater Isaak wieder zu begegnen! Trotz allen Begegnungen mit Gott kommt er nicht darum herum. Und: Gott ist *trotzdem* mit Jakob, ist *trotzdem* mit uns. Das ist keine Entschuldigung für grosse und kleine Schweinereien. Im Gegenteil! Aber Gott lässt uns trotzdem nicht fahren. Er hat einen langen Atem. Er ist bereit, uns auf unserem Weg durchs Leben zu begleiten. *Trotzdem!* Dann können wir Jakobs Worte nachvollziehen: *„Gott, der mich in der Not gehört und mich auf meinem ganzen Weg bis hierher begleitet hat."* (Gen 35,3)

AMEN!

Die Zwei auf dem Rücken

Da machte sich Jakob auf den Weg und ging in das Land, das im Osten liegt, und sah sich um, und siehe, da war ein Brunnen auf dem Felde; und siehe, drei Herden Schafe lagen dabei, denn von dem Brunnen pflegten sie die Herden zu tränken. Und ein großer Stein lag vor dem Loch des Brunnens. Und sie pflegten die Herden alle dort zu versammeln und den Stein von dem Brunnenloch zu wälzen und die Schafe zu tränken und taten alsdann den Stein wieder vor das Loch an seine Stelle. Und Jakob sprach zu ihnen: Liebe Brüder, wo seid ihr her? Sie antworteten: Wir sind von Haran. Er sprach zu ihnen: Kennt ihr auch Laban, den Sohn Nahors? Sie antworteten: Ja, wir kennen ihn. Er sprach: Geht es ihm auch gut? Sie antworteten: Es geht ihm gut; und siehe, da kommt seine Tochter Rahel mit den Schafen. Er sprach: Es ist noch hoher Tag und ist noch nicht Zeit, das Vieh einzutreiben; tränkt die Schafe und geht hin und weidet sie. Sie antworteten: Wir können es nicht, bis alle Herden zusammengebracht sind und wir den Stein von des Brunnens Loch wälzen und dann die Schafe tränken. Als er noch mit ihnen redete, kam Rahel mit den Schafen ihres Vaters, denn sie hütete die Schafe. Als Jakob aber Rahel sah, die Tochter Labans, des Bruders seiner Mutter, und die Schafe Labans, des Bruders seiner Mutter, trat er hinzu und wälzte den Stein von dem Loch des Brunnens und tränkte die Schafe Labans, des Bruders seiner Mutter. Und er küsste Rahel und weinte laut und sagte ihr, dass er ihres Vaters Verwandter wäre und Rebekkas Sohn. Da lief sie und sagte es ihrem Vater. Als aber Laban hörte von Jakob, seiner Schwester Sohn, lief er ihm entgegen und herzte und küsste ihn und führte ihn in sein Haus. Da erzählte er Laban alles, was sich begeben hatte. Da sprach Laban zu ihm: Fürwahr, du bist von meinem Gebein und Fleisch. Und als er nun einen Monat lang bei ihm gewesen war, sprach Laban zu Jakob: Zwar bist du mein Verwandter, aber solltest du mir darum umsonst dienen? Sage an, was soll dein Lohn sein? Laban aber hatte zwei Töchter; die ältere hieß Lea, die jüngere Rahel. Aber Leas Augen waren ohne Glanz, Rahel dagegen war schön von Gestalt und von Angesicht. Und Jakob gewann Rahel lieb und sprach: Ich will dir sieben Jahre um Rahel, deine jüngere Tochter, dienen. Laban antwortete: Es ist besser, ich gebe sie dir als einem andern; bleib bei mir. So diente Jakob um Rahel sieben Jahre, und es kam ihm vor, als wären's einzelne Tage, so lieb hatte er sie. (Genesis 29,1-20)

Liebe Gemeinde,

Wer sich an die Bibel heranwagt und mit dem Lesen auf der Seite eins im Alten Testament beginnt, der stösst schon bald auf eine Fülle von denkwürdigen und schrägen Geschichten. Wie etwa Adam seiner Frau Eva die Verantwortung abschiebt – auch heute soll es ja solche Männer geben. Wie der fromme Noah am Schluss noch einen peinlichen Absturz produziert. Wie Abraham sich wundert und Sara lacht, als Gott ihnen den lange ersehnten Nachkommen ankündigt – Gott erträgt das, wenn wir ihm nicht alles glauben – die Tatsachen werden am Ende ja für sich selbst sprechen. Wie Isaak und Rebekka mit ihren Kindern gut eine Familientherapie vertragen könnten. Wie Jakob zweimal seine engsten Angehörigen betrügt und später pikanterweise selber zweimal Opfer eines Betrugs wird. Wir könnten weiterfahren und aufzählen. Name um Name: Mose, Aaron und Mirjam; Saul, David und Salomo; Petrus, Johannes und Jakobus; Paulus und Barnabas; Maria Magdalena; Ananias und Sapphira; Euodia und Syntyche. usw. Denkwürdige und schräge Geschichten: ja davon hat es wirklich einige in der Bibel... Aber ehrlich. Ist es denn heute wirklich ganz anders? Gibt es nicht auch in unserem Land, in unserem Kanton, in unserem Dorf, vielleicht sogar in unserem Haus – um nicht zu sagen: bei mir – solche Geschichten, in denen nicht alles aufgeht? Sind wir denn wirklich so ganz anders und viel besser? Gibt es nicht auch in unserer eigenen Biographie solche schrägen Episoden? Eine Ausbildung, die abgebrochen werden musste. Eine Erbteilung, die ein Alptraum war. Ein eigenes Kind, das einen Weg geht, den wir nicht verstehen. Ein Streit mit einem Geschäftspartner, der Spuren hinterlässt. Vielleicht schildert ja die Bibel alle diese Geschichten, damit wir uns mit dem, was auch bei uns, in unserem Leben und im Leben unserer Lieben vorkommt, schräg ist und nicht aufgeht, damit wir uns damit nicht völlig deplatziert vorkommen. Gott wagt es offensichtlich, sich mit schrägen Geschichten seiner Leute abzugeben. Das ist heute nicht anders als damals. Auch wir haben eine Chance bei Gott.

Heute geht es um Rahel. Wir beschäftigen uns mit vier verschiedenen Facetten ihres persönlichen Weges.

1. Liebe auf den ersten Blick

Es war tatsächlich Liebe auf den ersten Blick. Als Rahel eines Tages ahnungslos das Kleinvieh ihres Vaters hütete und zum Brunnen ging, um die Herde zu tränken – eigentlich etwas ganz Alltägliches - , da sah sie ihn: Jakob. Er, offenbar wie vom Blitz getroffen, räumte mit einem Kraftakt den schweren Stein vom Brunnen weg und überfiel sie mit einem stürmischen Kuss, wahrscheinlich bevor sie realisierte, was ihr da genau geschah. Und dieser Mann, dieser Jakob, arbeitete schliesslich sieben Jahre (und danach bekanntlich nochmals sieben Jahre!!!) wegen dieser Rahel. „Und weil er sie so liebte, kamen ihm die Jahre wie Tage vor." Ja, es war Liebe auf den ersten Blick.

Nun, es muss ja nicht immer so gehen. Obwohl es mir selber auch so ergangen ist, damals im Jahr 1985. Aber ich verschone sie mit meiner Liebesgeschichte – sie eignet sich besser für einen Abend am Kaminfeuer. Liebe auf den ersten Blick. Schön und gut. Aber ein fulminanter Start ist noch keine Garantie für das mittel- und langfristige Gelingen einer

Beziehung. Aber die beiden blieben dran. Dafür sprechen u.a. die vierzehn Jahre Arbeitseinsatz von Jakob. Und die Geschichte geht weiter. Und zwar schräg …

2. Mehr Unzufriedenheit durch Vergleich

Jakob wird ja grässlich betrogen von seinem Arbeitgeber und Schwiegervater Laban. Lea und Rahel müssen das dreckige Spiel mitspielen. Sie haben keine andere Wahl. Nach sieben Jahren ist Jakob mit beiden verheiratet. Lea und Rahel, die beiden Schwestern, werden zu Konkurrentinnen. Sie kämpfen um den gleichen Mann, um Jakob. Ständig wird verglichen. Wer hat mehr? Wer kommt besser an? Wer hat die besseren Karten? Wer gewinnt die Gunst? Wer macht das Rennen? Das Leben wird für die beiden zum Wettkampf, zum Vergleichs-Stress. Lea kompensiert ihr schlechteres Abschneiden im Schönheitswettbewerb mit vielen Söhnen, die sie Jakob schenkt. Nun muss doch Jakob sie endlich lieben. Rahel bleibt lange kinderlos, bis sie eines Tages verzweifelt den Jakob am Kragen nimmt und ihm in unmissverständlicher Deutlichkeit sagt: „Schaffe mir Kinder, wenn nicht, so sterbe ich!“ Jakob ist verständlicherweise überfordert mit dieser Situation, denn offensichtlich liegt das Problem ja nicht bei ihm. Und die Pointe der Geschichte ist die, dass Rahel doch noch zwei Söhne gebärt - und schliesslich bei der zweiten Geburt stirbt.

Rahel hat trotz aller Schönheit die Zwei auf dem Rücken. Lea heiratet zuerst. SIE kommt erst nachher an die Reihe. Lea bekommt zuerst die Kinder. SIE wartet lange – und spät hat sie dann auch noch Kinder. Lea hat sechs Söhne, Rahel schliesslich mit Weh und Ach den Josef und den Benjamin. Man braucht nicht viel Fantasie, um zu verstehen, was da bei Rahel abging. Vergleich, Neid, Eifersucht. All das, was später im letzten der 10 Gebote ins Visier genommen wird: *„Du sollst nicht begehren, was Dein Nächster hat...“* Wer aber will es Rahel verübeln, dass sie vergleicht und dabei schlecht abschneidet bei diesem Vergleich. Sie hat einfach eine zwei auf dem Rücken. Und es bleibt so.

Mit dem Vergleichen ist es so eine Sache. Es ist wahrscheinlich die beliebteste Denksportart von Frauen und Männern. Und das Eigenartige: die meisten, die vergleichen, sind der Ansicht, dass sie schlechter wegkommen als die Leute, mit denen sie sich vergleichen. Gehören Sie auch zu den Männern und Frauen, die immer und immer wieder vergleichen? Die haben mehr Besuch als wir. Denen ihre Kinder kommen schulisch besser voran als unsere. Der oder die hat mehr Aufträge, einen saftigeren Zahltag, die eleganteren Kleider, mehr Ferien, weniger Ärger, ein schöneres Auto etc. Die Liste lässt sich beliebig verlängern. Vielleicht denken wir das nächste Mal an Rahel, wenn wir beim Vergleichen auf dem zweiten Platz landen...

3. Der kleine private Götze

Dann ist da noch diese eigenartige Geschichte. Jakob reist nach seinen zwanzig Dienstjahren bei Laban fluchtartig mit Frauen und Kindern ab. Mit Laban auf solch engem Raum leben erweist sich als unerträglicher Alptraum. Bei der Abreise lässt Rahel noch etwas mitlaufen, das Laban zur Weissglut bringen wird. Sie klaut seinen privaten Hausgötzen, seinen Talisman. Man stutzt, dass so etwas in einer biblischen Geschichte zu lesen ist. Aber es muss nichts beschönigt werden, weil vor dem lebendigen Gott unser Leben sowieso wie ein aufgeschlagenes Buch daliegt. Der Diebstahl des Götzen - wahrscheinlich war es eine kleine handliche Figur, da sie ja in einer Satteltasche Platz hatte.

Man kann sich schon fragen: Weshalb hat die Rahel den Götzen ihres Vaters mitlaufen lassen? Wollte sie sich rächen? Wollte sie ihrem Vater eins auswischen für all das, was er ihr angetan hatte? Oder glaubte sie wie er, dass diese kleine Figur ihr Glück im Leben bringen könnte und sogar Gebete erhören würde? Doch bevor wir mit Rahel und ihrer Familie zu hart ins Gericht gehen, müssen wir uns selber fragen lassen: Gibt es denn nicht auch bei uns, bei mir einen kleinen privaten Götzen? Das können Gegenstände sein, von denen wir mehr erwarten, als sie leisten können. Das kann aber auch irgendetwas anderes sein, das mir als Ersatz für den lebendigen Gott dient. Später wird Gott seinem Volk darüber sagen: *„Neben mir gibt es für Dich keine anderen Götter. Fertige Dir kein Gottesbild an. Wirf Dich nicht vor fremden Göttern nieder und diene ihnen nicht. Denn ich, der Herr, dein Gott, verlange von Dir ungeteilte Liebe."* (Ex 20,3ff)

Jakob spürt, dass diese kleinen Götterfiguren nicht zum Schöpfer von Himmel und Erde passen. Als er sich bei Bethel vorbereitet, dem lebendigen Gott zu begegnen, ordnet er an, dass alle in seiner Familie aufräumen damit. Und vielleicht ist es auch bei uns heute dran, dass wir uns überlegen: Was nimmt in meinem Leben eigentlich den Platz ein, der nur Gott selbst zusteht?

4. Trotz allem: unterwegs mit Gott

Rahel hat trotz all dem ihre eigene Geschichte mit Gott. Trotz der Zwei auf dem Rücken. Trotzdem, dass sie lange warten muss. Trotz vielen unerfüllten Wünschen. Trotz dieser Episode mit dem Laban'schen Talisman. Trotz diesen schrägen Elementen in ihrer persönlichen Geschichte. Gott ist mit ihr. Begleitet sie. Lässt sie nicht im Stich. Wenn wir das von ihr lernen, dann haben wir das Wesentliche gelernt.

AMEN!

Zwischenfall beim Ringkampf

Und Jakob stand auf in der Nacht und nahm seine beiden Frauen und die beiden Mägde und seine elf Söhne und zog an die Furt des Jabbok, nahm sie und führte sie über das Wasser, sodass hinüberkam, was er hatte, und blieb allein zurück. Da rang ein Mann mit ihm, bis die Morgenröte anbrach. Und als er sah, dass er ihn nicht übermochte, schlug er ihn auf das Gelenk seiner Hüfte, und das Gelenk der Hüfte Jakobs wurde über dem Ringen mit ihm verrenkt. Und er sprach: Lass mich gehen, denn die Morgenröte bricht an. Aber Jakob antwortete: Ich lasse dich nicht, du segnest mich denn. Er sprach: Wie heißt du? Er antwortete: Jakob. Er sprach: Du sollst nicht mehr Jakob heißen, sondern Israel; denn du hast mit Gott und mit Menschen gekämpft und hast gewonnen. Und Jakob fragte ihn und sprach: Sage doch, wie heißt du? Er aber sprach: Warum fragst du, wie ich heiße? Und er segnete ihn daselbst. Und Jakob nannte die Stätte Pnuël; denn, sprach er, ich habe Gott von Angesicht gesehen, und doch wurde mein Leben gerettet. Und als er an Pnuël vorüberkam, ging ihm die Sonne auf; und er hinkte an seiner Hüfte. Daher essen die Israeliten nicht das Muskelstück auf dem Gelenk der Hüfte bis auf den heutigen Tag, weil er auf den Muskel am Gelenk der Hüfte Jakobs geschlagen hatte. (Genesis 32,23-33)

Liebe Gemeinde,

wie oft weicht doch die Botschaft der Bibel von dem ab, was wir uns selbst so zurechtlegen! Auch im Zusammenhang mit Segen ist das nicht anders. Während wir an *Menschen* denken, die uns segnen, fokussiert die Bibel auf den lebendigen *Gott*, der segnet. Während wir an eine Art „automatischen Segensmechanismus" denken (Wenn wir dies oder jenes tun, dann segnet uns Gott …), verkündet uns die Bibel die Souveränität Gottes, der sich den von uns Menschen inszenierten Automatismen entzieht. Während wir Gottes Segen in der Regel mit Glück, mit Wohlergehen, mit Gesundheit verbinden, sehen wir hier Jakob, der auf ungewöhnliche Art und Weise gesegnet wurde - und gleichzeitig verletzt (hinkend) aus der Begegnung mit Gott kommt …

Die Bibel ist immer für eine Überraschung gut, auch wenn es um Gottes Segen geht. Das beginnt schon auf den ersten Seiten der Bibel, im Buch Genesis (= 1. Buch Mose Kapitel 2). Dort wird davon berichtet, dass der lebendige Gott am siebten Tag von seinen Schöpfungswerken ruht und *dass er diesen Tag segnet*. Dies wird später aufgenommen, indem jeder siebte Tag auch für die Menschen und Nutztiere (!) ein Tag der Ruhe sein soll. Wenn wir über Gott und seinen Segen nachdenken, kommen wir daran nicht vorbei, auch das ernst zu nehmen. Der *Wechsel* von Arbeit und Ruhe, von Tun und Lassen, von Anstrengung und Erholung steht unter dem Segen Gottes. Es ist ein Segen, dass Arbeit, Tun und

Anstrengung *nicht* unser ganzes Leben dominieren soll. Gott hat dem eine deutliche Grenze gesetzt mit dem Ruhetag. Darauf liegt sein Segen. Und doch merken wir deutlich – auch am Anfang des 21. Jahrhunderts – dass wir uns damit schwer tun, diesem Segen Gottes in unserem Leben den gebührenden Raum zu geben. Es ist für uns Menschen gar nicht so einfach, an einem Tag von sieben zu ruhen, obwohl es auf der Hand liegt, dass es gut (und sogar gesund!) wäre, diesen Rhythmus ernst zu nehmen und zu befolgen!

Schon bald entdecken wir auf den frühen Seiten der Bibel eine weitere überraschende Einsicht zum Thema Segen. Als Abraham von Gott berufen wird, da wird ihm auch Gottes Segen zugesagt mit folgenden Worten: *„Und ich will dich zum grossen Volk machen und will dich segnen und dir einen grossen Namen machen, und du sollst ein Segen sein."* (Genesis 12,2) Gott will Abraham segnen – und er soll *ein Segen sein*. Mit anderen Worten: Gottes Segen ist so dynamisch, dass er unmöglich bei einem gesegneten Menschen wie Abraham zu Stillstand kommen kann. Segen ist nichts, was man einfach für sich in Anspruch nimmt und dann „be-sitzt". Man kann nicht vom lebendigen Gott gesegnet sein, ohne für andere Menschen ein Segen zu sein. Wenn Du wirklich von Gott gesegnet bist, dann färbt das unweigerlich auf Deine Mitmenschen ab. Wir sind im besten Fall *Durchgangsstation* für Gottes Segen. Wir können seinen Segen empfangen und weitergeben – aber nicht „be-sitzen".

Und dann stossen schon bald auf diese quere Geschichte von Jakob, der in der Nacht am Jabbok diesen einsamen Kampf austrägt. Fünf Aspekte dieser ungewöhnlichen Geschichte schauen wir uns näher an:

1. *Jakob bricht auf in der Nacht (23)*

Nacht ist es im wörtlichen Sinn. Es ist dunkel. Und Jakob bricht im Dunkeln auf. Es ist aber auch Nacht in einem tieferen Sinn. Jakob war all die Jahre in der Fremde. Er kommt jetzt zurück zu seinen Wurzeln, zum Ort seiner Herkunft. Aber da ist dieses Dunkle, das ungeklärt in seinem Leben steht. Es ist dieser Zwist mit seinem Zwillingsbruder Esau. Jakob hat ihn ja zweimal betrogen. Er hat ihm das Erstgeburtsrecht abgeluchst für einen Eintopf - und er hat den für Esau vorgesehenen Segen seines Vaters erschwindelt. Die Wut von Esau war – verständlicherweise – grenzenlos, als Jakob damals zu seinem Onkel Laban flüchtete. Eine dunkle Geschichte ist es, die immer noch zwischen Jakob und Esau steht. Jakob ist nun dabei, seinem Bruder zu begegnen. Er muss sich seiner schwierigen Vergangenheit und seinen eigenen Fehlern stellen. Er weiss genau, dass Esau im Anmarsch ist. Und Esau kommt nicht alleine – er hat noch bewaffnete Männer bei sich. Jakob kann sich unschwer ausrechnen, was ihm bevorsteht. Zu Recht hat er Angst, dass sein Bruder nun die günstige Gelegenheit ergreift und sich endlich rächt. So unaussprechlich schwierig ist die Situation in der Nacht, in der

Jakob sich aufmacht. – Was ist meine Nacht? Welches Dunkel in meinem Leben steht noch ungeklärt und von Gott „unbehelligt"? Wo begegnet mir Gott in der Nacht?

2. Jakob bleibt alleine zurück (25)

Jakob bricht zwar zusammen mit seiner Familie auf, aber er bleibt dann *alleine* zurück. Er muss Distanz nehmen zu seiner 15-köpfigen Familie. Vier Frauen und 11 Söhne bieten reichlich Ablenkung. Aber für die Begegnung mit Gott muss er sich dem Alleinsein und der Einsamkeit stellen. Gott war und ist zwar schon die ganze Zeit bei ihm. Aber die 1zu1 Begegnung mit dem lebendigen Gott geschieht *nicht* in der Betriebsamkeit, sondern sie ist der Einsamkeit vorbehalten.

Ja, wie geht es uns damit? Wagen wir diesen Schritt aus der Betriebsamkeit hinein in die Einsamkeit vor Gott? Vielleicht ist es uns ja lieber, wenn wir uns dann mit Gott beschäftigen, wenn wir mit anderen zusammen sind – im Rahmen eines Gottesdienstes beispielsweise. Aber es gibt auch Momente und Zeiten, wo wir diese Begegnung in der Stille, abseits vom Rummel des Alltags, abseits von Menschen, die uns sogar wertvoll und lieb und wichtig sind, wagen müssen. Vielleicht müssen wir sie weiterschicken, um mit Gott alleine zu sein und uns ihm zu stellen – gerade auch in kritischen Phasen unseres Lebens. Jakob merkt das – und deshalb sucht er in der Nacht vor dieser entscheidenden Begegnung mit seinem Bruder Esau die Einsamkeit, um Gott zu begegnen. Er weiss, dass letztlich Gott selbst darüber entscheiden wird, wie die Sache mit seinem Bruder ausgehen wird. Deshalb gibt er dieser Begegnung mit Gott höchste Priorität.

3. Jakob ringt mit Gott – bis zum Morgen (25)

Ehrlich gesagt: Ringen ist nicht gerade mein Lieblingssport. Und überhaupt: mit wem ringt er da genau? Wer ist diese mysteriöse Gestalt? Ist es ein *Engel* – wie einige Ausleger meinen? Oder ist es *Gott selbst in Menschengestalt* – eine Art „Vorläufer" von Jesus? Jakob schildert das Ganze im Nachhinein als Begegnung mit Gott selbst. Und doch klingt der Gedanke, dass ein Mensch leibhaftig mit Gott ringt, für mich auch nach 6 Jahren Theologiestudium und vielen Jahren Pfarramt abenteuerlich. Aber so steht es hier.

Jakob ringt und kämpft eine ganze Nacht lang mit Gott. Es ist keine flüchtige, kurze Begegnung, sondern eine intensive Auseinandersetzung. Ich wundere mich darüber, dass nicht schon nach kurzer Zeit fest steht, dass Gott gewinnt und Jakob unterliegt. Wie ist es möglich, mit Gott zu ringen – und doch nicht als Verlierer vom Platz zu gehen? Das ist eines der Rätsel dieser Geschichte.

Die Intensität und Länge dieses Kampfes fordert uns heraus. Gott begegnen ist keine laue und lahme Sache. Gott begegnen bedeutet, dass es uns ans Eingemachte geht. Jakob musste bei diesem Ringen voll dabei sein. - Kenne ich intensive Auseinandersetzungen mit Gott?

Jakob weiss, dass es aussergewöhnlich ist, dass er überhaupt lebend aus dieser Sache herauskommt. Er nennt diesen Ort Pnuël – übersetzt „Gottes Angesicht". Er war Gott ganz nahe. Er hat Gott – geschützt durch das Dunkel der Nacht – gesehen. Und er hat dieses Sehen überlebt! Mose wird später von Gott zu hören bekommen: *„Mein Angesicht kannst Du nicht sehen. Denn kein Mensch wird leben, der mich sieht."* Gott sehen – auch wenn wir uns das vielleicht wünschen – da ist uns eine Grenze gesetzt, die offenbar für Jakob während dieser einen Nacht durchlässig war.

4. Jakob wird von Gott verletzt – und es ist offensichtlich (26)

Ja, es gibt das heilende und heilsame Wirken Gottes – aber auch das andere, über das wir leider zu wenig hören: Gott, der uns verwundet und verletzt! Gott, der uns weh tut! Jakob verrenkt sein Hüftgelenk in diesem nächtlichen Kampf mit Gott. Und als Folge davon hinkt er. Das heisst: es ist für alle offensichtlich, dass in dieser Nacht etwas mit Jakob passiert war. Ich hätte gerne Jakob zugehört, wie er seiner Familie erklärte, warum er jetzt plötzlich hinkt!

Gott ist weder zahm noch harmlos noch brav. Mit Gott in Berührung kommen, kann Spuren hinterlassen, die weh tun. Es kann sein, dass wir „hinken", nachdem wir mit Gott gerungen haben! Wir müssen das gerade heute sagen, um die gegenwärtige Einseitigkeit im christlichen Reden von Gott zu überwinden. Ja, Gott kann *heilen*, aber er kann auch *verletzen*. Wenn wir uns wirklich auf Gott einlassen, dann wird uns das auch weh tun! Wenn unser Christsein Tiefgang haben soll, dann kommen wir nicht an Tiefschlägen und Zerbruch vorbei. Der Umgang mit Gott kann uns bis ins Innerste erschüttern, auch wenn wir uns das nicht wünschen. Wenn Gott uns nahe kommen, berühren, verändern, uns segnen und Gutes tun will, dann kann er Mittel ergreifen, die wir ganz abwegig finden! Wie hier bei Jakob!

5. Jakob bleibt hartnäckig (27)

„Ich lasse Dich nicht, Du segnest mich denn!" Jakob kommt gesegnet *und* gedemütigt, gesegnet *und* verwundet aus dieser nächtlichen Begegnung mit Gott. Wir spüren Jakobs Hartnäckigkeit, wenn er sagt: *„Ich lasse Dich nicht, Du segnest mich denn."* Aufs Ganze gehen in dieser Begegnung mit Gott heisst für ihn: Ich will unbedingt, dass Gott mich segnet. Ich will Gott nicht loslassen, bis ich von ihm gesegnet werde. Und Gott achtet dieses

hartnäckige Dranbleiben, diese Direktheit! Jakob wird tatsächlich gesegnet. Möge uns diese Hartnäckigkeit und Direktheit leiten, wenn es um Gottes Segen geht!

AMEN!

Höchste Höhen, tiefste Tiefen

Jakob aber wohnte im Lande, in dem sein Vater ein Fremdling gewesen war, im Lande Kanaan. Und dies ist die Geschichte von Jakobs Geschlecht: Josef war siebzehn Jahre alt und war ein Hirte bei den Schafen mit seinen Brüdern; er war Gehilfe bei den Söhnen Bilhas und Silpas, der Frauen seines Vaters, und brachte es vor ihren Vater, wenn etwas Schlechtes über sie geredet wurde. Israel aber hatte Josef lieber als alle seine Söhne, weil er der Sohn seines Alters war, und machte ihm einen bunten Rock. Als nun seine Brüder sahen, dass ihn ihr Vater lieber hatte als alle seine Brüder, wurden sie ihm Feind und konnten ihm kein freundliches Wort sagen. Dazu hatte Josef einmal einen Traum und sagte seinen Brüdern davon; da wurden sie ihm noch mehr Feind. Denn er sprach zu ihnen: Hört doch, was mir geträumt hat. Siehe, wir banden Garben auf dem Felde, und meine Garbe richtete sich auf und stand, aber eure Garben stellten sich ringsumher und neigten sich vor meiner Garbe. Da sprachen seine Brüder zu ihm: Willst du unser König werden und über uns herrschen? Und sie wurden ihm noch mehr Feind um seines Traumes und seiner Worte willen. Und er hatte noch einen zweiten Traum, den erzählte er seinen Brüdern und sprach: Ich habe noch einen Traum gehabt; siehe, die Sonne und der Mond und elf Sterne neigten sich vor mir. Und als er das seinem Vater und seinen Brüdern erzählte, schalt ihn sein Vater und sprach zu ihm: Was ist das für ein Traum, den du geträumt hast? Soll ich und deine Mutter und deine Brüder kommen und vor dir niederfallen? Und seine Brüder wurden neidisch auf ihn. Aber sein Vater behielt diese Worte. Als nun seine Brüder hingegangen waren, um das Vieh ihres Vaters in Sichem zu weiden, sprach Israel zu Josef: Hüten nicht deine Brüder das Vieh in Sichem? Komm, ich will dich zu ihnen senden. Er aber sprach: Hier bin ich. Und er sprach: Geh hin und sieh, ob's gut steht um deine Brüder und um das Vieh, und sage mir dann, wie sich's verhält. Und er sandte ihn aus dem Tal von Hebron, und er kam nach Sichem. Da fand ihn ein Mann, wie er umherirrte auf dem Felde; der fragte ihn und sprach: Wen suchst du? Er antwortete: Ich suche meine Brüder; sage mir doch, wo sie hüten. Der Mann sprach: Sie sind von dannen gezogen; denn ich hörte, dass sie sagten: Lasst uns nach Dotan gehen. Da zog Josef seinen Brüdern nach und fand sie in Dotan. Als sie ihn nun sahen von ferne, ehe er nahe zu ihnen kam, machten sie einen Anschlag, dass sie ihn töteten, und sprachen untereinander: Seht, der Träumer kommt daher! So kommt nun und lasst uns ihn töten und in eine Grube werfen und sagen, ein böses Tier habe ihn gefressen; so wird man sehen, was seine Träume sind. Als das Ruben hörte, wollte er ihn aus ihren Händen erretten und sprach: Lasst uns ihn nicht töten! (Genesis 37,1-21)

Liebe Gemeinde,

Josef. Eine faszinierende Erzählung. Ein faszinierendes Leben. Höchste Höhen – und tiefste Tiefen. Geliebt und bevorzugt – angefeindet und gehasst. Verraten und verkauft. Geschätzt und geachtet. Liebling seines Vaters. Feindbild seiner Brüder. Sklave und Ministerpräsident.

Josef. Der siebzehnjährige Sohn von Jakob. Hirte. Gehilfe seiner Brüder. „Rätschbääse".

Josef. Träger eines bunten Kleids, das ihn von seinen Brüdern abhebt. Das Kleid als Symbol, als ständig sichtbarer Ausdruck der Bevorzugung durch den Vater – als erschlagender Beweis für seine Brüder, dass sie nur zweite Wahl sind.

Josef. Träumer von zwei Träumen. In beiden mutiert der Gehilfe zum Chef, vor dem sich die Brüder verneigen. Kein Wunder, dass sie das nicht goutieren. Und sogar seinem Vater ist das zu viel. Doch Jahre später wird es deutlich – genau das geschieht. Es war viel mehr als der blasierte Traum eines Teenagers. Es war eine göttliche Vorahnung – kommuniziert in Träumen. Doch hätte Josef das wirklich seinen Brüdern brühwarm erzählen sollen? Nicht alle göttlichen Offenbarungen eignen sich ja für Familie und Öffentlichkeit. Mancher Händedruck von Gott ist für uns persönlich gemeint und wird zum Problem, wenn er heraus posaunt wird. Seinen Brüdern war das schlicht und einfach ein weiterer Beweis für Josefs Hochnäsigkeit und Überheblichkeit. Klar - er wollte nicht mehr ihr *Gehilfe* sein, sondern schlicht und einfach ihr *Chef im feinen Kleid, vor dem sie sich zu verneigen haben*. Mancher Lehrling nach Josef hatte auch solche oder ähnliche Träume …

Josef. Opfer eines Komplotts. Opfer eines Anschlags durch seine eigenen Brüder.

Josef. Sklave. Attraktiver Beau. Gefangener. Traumdeuter. Ministerpräsident. Zweitmächtigster Mann der Welt nach dem Pharao. Retter eines ganzen Landes. Retter einer Region. Retter seiner eigenen Familie.

Was für ein schillerndes Leben, das in 14 Kapiteln der Bibel vor uns ausgebreitet wird (Genesis 37-50)! Es ist weit mehr als eine gradlinige Geschichte nach dem einfachen Muster „vom Tellerwäscher zum Millionär". Das Leben von Josef ist viel komplizierter, wechselvoller, komplexer, verworrener, kurvenreicher – und auch interessanter. Doch: ist nicht auch mein Leben, Dein Leben, unser Leben in Tat und Wahrheit viel komplizierter, wechselvoller, komplexer, verworrener, kurvenreicher – und interessanter, als das manchmal scheint?

Höchste Höhen – tiefste Tiefen. Josef fällt zwei Mal in seinem Leben so tief, wie man nur fallen kann. Das erste Mal entgeht nur knapp der Ermordung durch seine eigenen Brüder. Er wird in eine Zisterne hinein geworfen. Er wird verraten und schliesslich verkauft. Und dann diese feige und wortlose Lüge der Brüder mit dem in Blut getränkten Kleid ... Das zweite Mal ist Josef zwar noch Sklave, aber erfolgreicher Manager. Die Frau seines Vorgesetzten Potifar versucht ihre Machtposition auszunutzen, um den attraktiven Beau für ein amouröses Abenteuer zu gewinnen. Josefs standhafte Verweigerung führt zu Mobbing, Verleumdung, Entlassung – und schliesslich Gefängnis.

Man muss diesen ersten Absturz im Leben von Josef auf sich wirken lassen. Im Stich gelassen - verraten von den eigenen Geschwistern. Die eigene Familie, die doch ein geschützter Raum sein sollte, wird zum Fallstrick, zur Mördergrube, zur Hölle. Es ist keine Familienidylle, die hier vor uns ausgebreitet wird. Josef erlebt in seiner eigenen Familie, wie sehr uns Menschen, die uns eigentlich nahe stehen, tief verletzen können. Die eigenen Brüder signalisieren ihren ganzen Frust, ihre ganze Geringschätzung, ihren ganzen Hass dadurch, dass sie Josef für zwanzig Silberstücke an Sklavenhändler verkaufen. So viel – besser gesagt: so wenig - ist er ihnen wert. Das gibt für jeden zwei Silberbatzen ...Wie tief verletzt das, wenn man solches am eigenen Leib erfährt – und zwar von den eigenen Geschwistern!

Nun ist Josef ja kein Einzelfall. Unzählige Männer, Frauen und Kinder teilen mit ihm solche unsagbar schmerzlichen Erfahrungen. Erfahrungen von Anfeindung und Verrat. Erfahrungen von Gewalt und Hass. Erfahrungen von Missgunst und Neid. Erfahrungen von Mobbing und Verleumdung. In seinem Leben spiegeln sich Erlebnisse unzähliger Menschen.

Das Leben von Josef berührt *drei grosse Themenkreise*:

1. Bevorzugung: Was geschieht in einer Familie, wenn ein Kind von den Eltern klar bevorzugt wird? Was sind die Konsequenzen?

2. Träume: Was sind unsere Lebensträume? Was davon sollten wir besser für uns behalten und was ist für einen grösseren Kreis von Menschen bestimmt? Welche Träume über unser Leben sind von Gott – und welche sind auf unserem eigenen Mist gewachsen? Und vor allem: wie können wir das eine vom anderen unterscheiden?

3. Versöhnung: Was können wir von Josef lernen in Bezug auf seinen Umgang mit diesen unglaublich schmerzlichen Erfahrungen in seinem Leben? Wie verarbeitet er diese traumatischen Sequenzen? Wie kann er sich mit seiner Lebensgeschichte und mit den

involvierten Menschen versöhnen? Und: wie kommt die Beziehung zu Gott in seinen höchsten Höhen und in seinen tiefsten Tiefen zum Tragen?

Bevorzugung einer Person vor einer anderen. Bevorzugung eines Kindes vor anderen! Wahrscheinlich haben wir alle unsere Erfahrungen damit gemacht – in der Familie, am Wohnort, am Arbeitsplatz - sei es als Bevorzugte oder eben als Benachteiligte. Wir ahnen und spüren, was das an Problemen auslösen kann. Wir ahnen, wie schwierig das für Josefs Brüder sein musste, dass er von seinem Vater Jakob so klar bevorzugt wurde. Und dann dieses bunte Kleid, das sie jedes Mal anschauen mussten, wenn sie ihn sahen – und das sie jedes Mal an diese Bevorzugung durch den Vater erinnerte! Was für ein Schmerz! Doch: was kann Josef dafür? Die biblische Erzählung rechtfertigt und beschönigt nichts. Im Gegenteil. Sie zeigt, wie problematisch die Bevorzugung eines Kindes vor anderen ist und zu welchen Problemen das innerhalb einer Familie führen kann.

Doch: Hand aufs Herz! Wer von uns, der Vater oder Mutter, Grossvater oder Grossmutter ist, könnte von sich behaupten, dass er sich zu allen Kindern bei jeder Gelegenheit genau gleich verhält, dass er immer gerecht ist, dass er allen gleich viel gibt? Ja, und wer könnte das von sich behaupten als Vorgesetzter, Lehrkraft, Verantwortungsträger, dass er absolut gerecht und fair zu allen ist? Eines wird aber deutlich hier: es ist extrem wichtig, dass wir alles uns Mögliche tun, uns in unserem Verantwortungsbereich fair und gerecht zu verhalten – und klare Bevorzugungen vermeiden. Tun wir das?

AMEN!

Schritte der Versöhnung

Da konnte Josef nicht länger an sich halten vor allen, die um ihn her standen, und er rief: Lasst jedermann von mir hinausgehen! Und stand kein Mensch bei ihm, als sich Josef seinen Brüdern zu erkennen gab. Und er weinte laut, dass es die Ägypter und das Haus des Pharao hörten, und sprach zu seinen Brüdern: Ich bin Josef. Lebt mein Vater noch? Und seine Brüder konnten ihm nicht antworten, so erschraken sie vor seinem Angesicht. Er aber sprach zu seinen Brüdern: Tretet doch her zu mir! Und sie traten herzu. Und er sprach: Ich bin Josef, euer Bruder, den ihr nach Ägypten verkauft habt. Und nun bekümmert euch nicht und denkt nicht, dass ich darum zürne, dass ihr mich hierher verkauft habt; denn um eures Lebens willen hat mich Gott vor euch hergesandt. Denn es sind nun zwei Jahre, dass Hungersnot im Lande ist, und sind noch fünf Jahre, dass weder Pflügen noch Ernten sein wird. Aber Gott hat mich vor euch hergesandt, dass er euch übrig lasse auf Erden und euer Leben erhalte zu einer großen Errettung. Und nun, ihr habt mich nicht hergesandt, sondern Gott; der hat mich dem Pharao zum Vater gesetzt und zum Herrn über sein ganzes Haus und zum Herrscher über ganz Ägyptenland. (Genesis 45,1-8)

Liebe Gemeinde,

Josef. Eine verrückte Erzählung. Ein verrücktes Leben. Höchste Höhen – und tiefste Tiefen. Geliebt und bevorzugt – angefeindet und gehasst. Verraten und verkauft. Geschätzt und geachtet. Liebling seines Vaters. Feindbild seiner Brüder. Sklave und Gefangener. Traumdeuter und Ministerpräsident. Zweitmächtigster Mann der damaligen Welt nach dem Pharao. Retter eines ganzen Landes. Retter einer Region. Retter seiner eigenen Familie.

Die Geschichte von Josef, die vor unseren Augen in der Bibel entfaltet wird, geht ans Lebendige, weil sie Fragen aufwirft und beleuchtet, schwierige Fragen, die sich auch in unserem eigenen Leben stellen:

- Wie werde ich mit schwierigen Dingen fertig, die in meinem Leben passiert sind?
- Wie werde ich damit fertig, dass Menschen mir Unrecht, ja vielleicht sogar schlimmes Unrecht zugefügt haben?
- Wie werde ich damit fertig, wenn die Menschen, die mir Unrecht getan haben, zu allem Überfluss noch Menschen sind, die mir eigentlich nahe stehen sollten – Männer und Frauen aus meinem Freundes- oder Kollegenkreis oder sogar aus meiner eigenen Familie und Verwandtschaft?
- Und: Wie kann ich mit Geschehnissen und Menschen wirklich versöhnen, die total schräg in meinem Leben drinstehen?

Josef ist kein Einzelfall. Unzählige Männer, Frauen und Kinder teilen mit ihm unsagbar schmerzlichen Erfahrungen. Erfahrungen von Anfeindung und Verrat. Erfahrungen von Gewalt und Hass. Erfahrungen von Missgunst und Neid. Erfahrungen von Mobbing und Verleumdung. In seinem Leben spiegeln sich Erlebnisse unzähliger Menschen.

Ich weiss, dass wir alle unsere konkreten Beispiele dafür aus unserem eigenen Leben anführen können. Wir alle haben schon Unrecht *erfahren* – und: Hand aufs Herz – haben nicht wir alle auch schon Unrecht *getan*?

Diese Geschichte von Josef – diese verrückte Geschichte von Josef – macht uns Hoffnung. Hoffnung für Opfer und Täter. Sie zeigt uns, dass das Geschehene, das Schwierige, das Schreckliche in unserem Leben nicht das Letzte sein muss. Sie lehrt uns, dass Gott auch aus dem ganz Krummen, Schrägen, Schwierigen, Ungerechten in unserem Leben – und sogar aus dem abgründig Bösen etwas Gutes machen kann. Josef bringt das ganz am Schluss seiner schwierigen Geschichte so auf den Punkt, als er seinen Brüdern sagt: *„Ihr gedachtet es böse mit mir zu machen, aber Gott gedachte es gut zu machen."* (Genesis 50,20)

Das kann Josef sagen, …
… obwohl ihn seine eigenen Brüder angefeindet und gehasst haben
… obwohl ihn seine eigenen Brüder misshandelt und in ein Dreckloch geworfen haben
… obwohl ihn seine eigenen Brüder verkauft haben - in die Sklaverei
… obwohl er als Sklave ein hartes Leben hatte
… obwohl er wegen Mobbing durch die Frau seines Chef ins Gefängnis kam
… obwohl die Zeit im ägyptischen Gefängnis extrem schwierig war

„Ihr gedachtet es böse mit mir zu machen, aber Gott gedachte es gut zu machen." (Genesis 50,20) Das heisst aber auch: das Böse ist böse! Es hat keinen Sinn, das Böse zu beschönigen. Josef verzichtet gegenüber seinen Brüdern auf jede Art der Verharmlosung. Was sie getan haben, war wirklich böse und man muss das so sagen.

Aber Josef erfährt auf eindrückliche Art und Weise - es gibt eine Realität in dieser Zeit und Welt, die stärker ist als all das Böse, das wirklich da ist: Gott selbst. Gott ist so stark, dass er sogar das abgründig Böse zum Guten wenden kann. Genau das geschieht hier in unserer Geschichte. Diese böse Geschichte erfährt eine verrückte Wendung zum Guten.

Josef und seine Brüder treffen nach vielen Jahren wieder zusammen. Doch es ist ein ungleiches Zusammentreffen. Auf der einen Seite die nomadischen Viehhirten. Auf der anderen Seite Josef, der nun der zweithöchste Mann der damaligen Welt nach dem Pharao ist.

Durch Fügungen göttlicher Art steht er an diesem Posten. Er hat die Aufgabe, Ägypten durch die schwierigen Jahre der Hungersnot zu bringen. Dank Vorsorge in den sieben guten Jahren zuvor ist genug Korn vorhanden, so dass die Leute von weither nach Ägypten kommen, um Korn zu kaufen. Auch Josefs Brüder kommen. Er erkennt sie – aber sie denken nicht im Traum daran, dass dieser mächtige Mann in ägyptischer Aufmachung ihr Bruder sein könnte.

Wir können uns vorstellen, wie in Josef Gedanken und Gefühle durcheinander gingen. Jetzt könnte er es seinen Brüdern heimzahlen. Jetzt könnte er die Rechnung begleichen. Jetzt könnte er sich rächen. Jetzt könnte er sie umbringen lassen. All das wäre möglich. Wir erleben in der Josefsgeschichte mit, wie er mit sich und mit Gott ringt. Er veranstaltet mit seinen Brüdern eine Art Katz und Maus-Spiel. Er gibt sich nicht sofort zu erkennen. Er will herausfinden, ob sie immer noch die Gleichen sind. Und schliesslich kommt nach längerem Hin und Her die bewegende Szene, als Josef sich seinen Brüdern zu erkennen gibt.

Wir merken an dieser Geschichte: Versöhnung ist kein billiger Weg. Versöhnung ist kein wundervoller Trick. Versöhnung ist keine fromme Masche für Weichlinge. Versöhnung ist hart und schwierig, aber auch heilsam und befreiend.

Wenn Du in Deinem Leben etwas wirklich Schlimmes, Schreckliches, Traumatisches erlebt hast, dann bist Du in bester Gesellschaft, dann sitzt Du mit Josef im gleichen Boot. Und dann gibt Dir sein Beispiel auch Hinweise, wie Du damit umgehen kannst, wie Du das verarbeiten kannst, wie Du Dich mit diesen schwierigen Dingen in Deinem Leben versöhnen kannst.

Versöhnung ist ein ganz zentrales Thema unseres Lebens. Darum frage ich Dich: Bist Du versöhnt mit Deinen Eltern, mit Deinem Vater, mit Deiner Mutter? Bist Du versöhnt mit Deinen Geschwistern, die Du Dir nicht ausgesucht hast? Bist Du versöhnt auch mit den schwierigen Dingen, die in Deinem Leben geschehen sind?

„Ihr gedachtet es böse mit mir zu machen, aber Gott gedachte es gut zu machen." (Genesis 50,20) Der Schlüssel zur Versöhnung ist: Ich entdecke Gottes Spur auch in den schwierigen Dingen meines Lebens. Ich entdecke, dass Gott viel stärker ist als all das Böse, das real ist. Ich entdecke, dass ich Gott vertrauen darf, dass er Schwieriges, Schreckliches und Böses in meinem Leben zum Guten wenden kann. Gott hat mein Leben in seiner Hand – und auch die abgründig schwierigen Dinge gehören dazu. Hier nimmt die Versöhnung ihren Anfang. Bist Du bereit dazu? Wagst Du diesen ersten Schritt zur Versöhnung?

Ich glaube, daß Gott aus allem, auch aus dem Bösesten, Gutes entstehen lassen kann und will. Dafür braucht er Menschen, die sich alles zum Besten dienen lassen. Ich glaube, daß Gott uns in jeder Notlage soviel Widerstandskraft geben will, wie wir brauchen. Aber er gibt sie uns nicht im voraus, damit wir uns nicht auf uns selbst, sondern allein auf ihn verlassen. In solchem Glauben müßte alle Angst vor der Zukunft überwunden sein. Ich glaube, daß auch unsere Fehler und Irrtümer nicht vergeblich sind, und daß es Gott nicht schwerer ist, mit ihnen fertig zu werden, als mit unseren vermeintlichen Guttaten. (Dietrich Bonhoeffer)

AMEN!

Zwei Hebammen leisten Widerstand

Als nun Josef gestorben war und alle seine Brüder und alle, die zu der Zeit gelebt hatten, wuchsen die Nachkommen Israels und zeugten Kinder und mehrten sich und wurden überaus stark, sodass von ihnen das Land voll ward. Da kam ein neuer König auf in Ägypten, der wusste nichts von Josef und sprach zu seinem Volk: Siehe, das Volk Israel ist mehr und stärker als wir. Wohlan, wir wollen sie mit List niederhalten, dass sie nicht noch mehr werden. Denn wenn ein Krieg ausbräche, könnten sie sich auch zu unsern Feinden schlagen und gegen uns kämpfen und aus dem Lande ausziehen. Und man setzte Fronvögte über sie, die sie mit Zwangsarbeit bedrücken sollten. Und sie bauten dem Pharao die Städte Pitom und Ramses als Vorratsstädte. Aber je mehr sie das Volk bedrückten, desto stärker mehrte es sich und breitete sich aus. Und es kam sie ein Grauen an vor Israel. Da zwangen die Ägypter die Israeliten unbarmherzig zum Dienst und machten ihnen ihr Leben sauer mit schwerer Arbeit in Ton und Ziegeln und mit mancherlei Frondienst auf dem Felde, mit all ihrer Arbeit, die sie ihnen auflegten ohne Erbarmen. Und der König von Ägypten sprach zu den hebräischen Hebammen, von denen die eine Schifra hieß und die andere Pua: Wenn ihr den hebräischen Frauen helft und bei der Geburt seht, dass es ein Sohn ist, so tötet ihn; ist's aber eine Tochter, so lasst sie leben. Aber die Hebammen fürchteten Gott und taten nicht, wie der König von Ägypten ihnen gesagt hatte, sondern ließen die Kinder leben. Da rief der König von Ägypten die Hebammen und sprach zu ihnen: Warum tut ihr das, dass ihr die Kinder leben lasst? Die Hebammen antworteten dem Pharao: Die hebräischen Frauen sind nicht wie die ägyptischen, denn sie sind kräftige Frauen. Ehe die Hebamme zu ihnen kommt, haben sie geboren. Darum tat Gott den Hebammen Gutes. Und das Volk mehrte sich und wurde sehr stark. Und weil die Hebammen Gott fürchteten, segnete er ihre Häuser. Da gebot der Pharao seinem ganzen Volk und sprach: Alle Söhne, die geboren werden, werft in den Nil, aber alle Töchter lasst leben. (Exodus 1,6-22)

Liebe Gemeinde,

Wer denkt schon an die beiden hebräischen Hebammen? Wir müssen uns diese Begegnung einmal plastisch vorstellen. Auf der einen Seite der Pharao, auf der anderen Seite die beiden hebräischen Hebammen. Hier der Herrscher von Ägypten, da zwei Frauen aus einem eingewanderten Volk. Hier der Regent über eine Weltmacht, da zwei „Ohnmächtige" im wahrsten Sinne des Wortes. Der Kontrast könnte nicht grösser sein.

Der Pharao weiss, was er zu tun hat: er hat das Sagen, er hat zu befehlen. Diese beiden Frauen haben zu gehorchen. Sie haben gar keine andere Wahl. Die Sache ist klar. Doch: „er hat die

Rechnung ohne den Wirt gemacht.“ Der Wirt ist in diesem Fall der lebendige Gott, der zu diesem hebräischen Volk trotz Schatten und Schlagseiten steht.

Hier sind die Namen dieser beiden Frauen erwähnt: Schifra und Pua. Gott hat an sie gedacht. Er hat ihre Namen festgehalten und eingraviert in die Geschichte seines Volkes, in die Heilsgeschichte , die in der Bibel erzählt wird. Weshalb? Was diese beiden Frauen auszeichnet, das ist die Klarheit, die sie sich im Denken und Handeln bewahrt haben. Sie haben sich nicht blenden lassen, nicht einschüchtern lassen durch die Macht des Pharao. Sie waren sich klar, dass es eine höhere Autorität gibt als diesen scheinbar allmächtigen Pharao. Ihnen war klar: Im Konfliktfall gehorchen wir Gott. Was der Pharao geboten hat, war eine Art Holocaust. Die Vermehrung der Hebräer stoppen durch Mord an den neugeborenen Söhnen des Volkes. Man muss es schlicht und deutlich benennen: Was der Pharao hier von den beiden Frauen fordert, ist ein Verbrechen. Er erwartet, dass sie kollaborieren, aktiv mitwirken an diesem Verbrechen am eigenen Volk. Sie sollen die Knaben töten. Hier gibt es nur ein Entweder-Oder.

Von Gott her ist die Sache ganz klar: Wo die Mitwirkung an einem Verbrechen gefordert wird, da ist Ungehorsam nicht nur erlaubt, sondern geboten. Die Apostel haben dies im NT auf den kurzen und präzisen Nenner gebracht: „Man muss Gott mehr gehorchen als den Menschen.“ (Apg 5,29) Leider ist dieser Satz, obwohl er grundlegend für das biblisch-christliche Denken und Handeln sein muss, viel zu wenig bekannt. Gott fordert nie einen Kadavergehorsam gegenüber weltlichen Autoritäten. Wir müssen prüfen, was gefordert wird. Und dort, wo Gottes Gebot gegen menschliches Gebot steht, müssen wir uns nach Gottes Gebot richten.

Mir gefällt, wie die Hebammen das anstellen: sie hören den Befehl – und tun es einfach nicht. Dadurch hat der mächtige Pharao bereits Zeit verloren. Und als er sie zur Rechenschaft zieht, haben sie eine gleichermassen einfache und fadenscheinige Begründung: „Die hebräischen Frauen sind nicht wie die ägyptischen, denn sie sind kräftige Frauen. Ehe die Hebamme zu ihnen kommt, haben sie geboren.“ Die beiden Frauen spielen nicht mit beim Spiel des Pharaos. Sie gehen ihren Weg. Sie zeigen Zivilcourage. Sie riskieren ihr eigenes Leben für diesen Ungehorsam und für das Leben der Kinder. Man muss schon wissen: das ist kein Pappenstil – den Befehl des Pharao zu ignorieren. Das macht man nicht einfach so ...

Wenn wir nach der möglichen Umsetzung fragen, so müssen wir dazu folgendes sagen: für viele Juden und Christen durch die Jahrhunderte hatte das Bekenntnis zum lebendigen Gott und zu Christus einschneidende Konsequenzen. Dass das Christ-Sein und das Bekenntnis zu Christus im Moment bei uns nicht sehr viel kostet, ist im Blick auf die weltweite Kirche betrachtet doch eher die Ausnahme. Wir sind zur Zeit subtileren Aufforderungen der Kollaboration mit Dingen, die Gottes Gebot entgegenstehen, ausgesetzt. Gott wird hier herausgefordert. Leben, das er geschaffen und geschenkt hat, soll zerstört werden. Gott will jedoch dieses Leben schützen. So müssten wir auf dieser Linie fragen: Wo wird heute Leben gefährdet und zerstört, statt geschützt und gefördert? Eine Vielzahl von Dingen gehen mir hier durch den Kopf – und wahrscheinlich wären wir uns nicht über alles einig, wie damit umzugehen wäre. Ich nenne es aber, um zum Weiterdenken zu ermuntern: Unsere Mobilität fordert Jahr für Jahr viele Verkehrsopfer ... Ist sie uns das wert? Ungeborenen Kindern wird Menschsein und Lebensrecht abgesprochen. Sie können sich dagegen nicht wehren. Hebammen, die sowohl bei Geburten als auch bei Abtreibungen mitwirken müssen, erfahren einen schwerwiegenden ethischen Konflikt am eigenen Leib. Wie vielen Menschen, die unter uns leben, wird mehr oder weniger deutlich zu verstehen gegeben, dass sie unerwünscht sind?

Wer denkt denn schon an das hebräische Paar und ihren Sohn? Wenn wir uns dem zweiten Teil unserer Geschichte zuwenden, dann fällt uns hier auf, wie Gott eine deprimierende, gefährliche Situation auf den Kopf stellt. Die Bedrohung des hebräischen Volkes kam aus dem Palast. Der Pharao war – aus Gründen der Staatsraison übrigens – die treibende Kraft der Unterdrückung Israels. Das Pikante an dieser Geschichte ist nun, dass Gott ausgerechnet durch die Tochter des Pharao eine Wende herbeiführt. Damit hätte der Pharao wohl kaum gerechnet. Damit hätten wahrscheinlich auch die Menschen im Volk Gottes kaum gerechnet. Gottes Wege sind oft anders, als wir uns das vorstellen.

Es ist schon eine krasse Begegnung da am Nil: die Prinzessin, die sich ausgiebig ihren Bedürfnissen hingeben kann – und die Schwester des Knaben – aus dem Sklavenvolk, die wahrscheinlich ängstlich beobachtet hat, was jetzt mit ihrem Bruder geschieht. Und da am Nil ist wieder eine solche Stunde, in der Gott zeigt, dass er ein Spezialist darin ist, ausweglose Situationen zu wenden. Wir finden in der Bibel viele solche Geschichten. Hier weckt er das Mitleid dieser Prinzessin. Da regt sich Menschlichkeit und siegt über die Staatsraison.

Und jetzt, wenn wir das Ende der Geschichte anschauen, dann ist es schon verblüffend. Wir können zwei Dinge festhalten: Erstens wird die eigene Mutter nun plötzlich für den Unterhalt ihres Kindes bezahlt und sie darf den Knaben behalten. Welch eine Wende! Zweitens wird dieser Mose Adoptivenkel des Pharao. So ist Gott! Solche Geschichten sprengen unsere normalen Denk- und Erlebniskategorien. Gott ist ein Gott der Überraschungen. Er kann die unmöglichsten Situationen wenden. Er ist vertrauenswürdig. Er hat es verdient, dass wir unsere Hoffnungen auf ihn setzen.

Wenn Kleine grosse Pläne durchkreuzen ... Ja, wer durchkreuzt denn eigentlich die Pläne Pharaos? Da sind die beiden Hebammen. Da ist das hebräische Mädchen am Nil. Haben sie wirklich Macht, die Pläne Pharaos zu durchkreuzen? JA und NEIN. Eigentlich sind es ja nicht sie. Ihre Ohnmacht ist zu offensichtlich. Es ist Gott selber, der dem Pharao einen dicken Strich durch die Rechnung macht. Aber er braucht dafür Menschen. Nicht unbedingt grosse Nummern, eher kleine Fische. Das macht mir auch Mut, wenn sich der Scheinwerfer auf uns richtet. Gott macht seine Geschichte auch mit uns kleinen Fischen. Beispiele gibt es zu Hauf: Gott schickte den sehr jungen und unerfahrenen Gideon, um die Midianiter zu vertreiben. Gott setzte den unbekannten David ein, um Goliath zu bodigen. Und auch der scheinbar so starke Paulus bezeugt, dass Gottes Kraft gerade in den Schwachen mächtig ist.

AMEN!

Zwischenrufe von Mose

Mose aber sprach zu dem HERRN: Ach, mein Herr, ich bin von jeher nicht beredt gewesen, auch jetzt nicht, seitdem du mit deinem Knecht redest; denn ich hab eine schwere Sprache und eine schwere Zunge. Der HERR sprach zu ihm: Wer hat dem Menschen den Mund geschaffen? Oder wer hat den Stummen oder Tauben oder Sehenden oder Blinden gemacht? Habe ich's nicht getan, der HERR? So geh nun hin: Ich will mit deinem Munde sein und dich lehren, was du sagen sollst. Mose aber sprach: Mein Herr, sende, wen du senden willst. Da wurde der HERR sehr zornig über Mose und sprach: Weiß ich denn nicht, dass dein Bruder Aaron aus dem Stamm Levi beredt ist? (Exodus 4,10-14a)

Liebe Gemeinde,

angenommen ...

... Du würdest den Auftrag erhalten, ein unterdrücktes Volk in die Freiheit zu führen?

... Du hättest die Aufgabe, die Würde und die Rechte einer Minderheit vor George W. Bush, Wladimir Putin oder Jiang Zemin zu vertreten und die politische Souveränität für dieses Volk einzufordern?

... Du müsstest trotz einer Sprechhemmung öffentlich die Anliegen Deines Volkes vertreten?

Nun, ich vermute, ja ich unterstelle es den meisten von uns, dass wir nicht wahnsinnig gerne öffentlich auftreten und reden... Dass wir eine Hemmung verspüren, den Mächtigen dieser Welt gegenüberzutreten mit Aussagen, die Ihnen nicht gefallen... Und dass wir nicht wahnsinnig scharf darauf sind, als Verantwortliche den Weg einer unterdrückten Minderheit in die geordnete Freiheit zu leiten.

Die Pointe ist: genau dazu hat Gott den Mose im direkten Gespräch berufen. Genau diesen Auftrag hat er beim brennenden Dornbusch erhalten. Diese Verantwortung soll er übernehmen. Es ist nicht verwunderlich, dass Mose zurückschreckt, abwehrt und sich am liebsten verdrücken will. Nur wenige von uns würden sich um eine solche Aufgabe reissen oder sich gar freiwillig dafür melden. Aber Gottes Ruf führt den Mose in die politische Verantwortung für sein Volk hinein, auch wenn ihm das selber nicht gefällt. Kein Wunder, dass ihm die Last dieser Verantwortung schwer zu schaffen macht und er es lieber sähe, wenn Gott sich für einen anderen Kandidaten entscheiden könnte. „Gott, suche Dir doch lieber einen anderen, der das besser kann, der fähiger ist, frömmer und geduldiger. Suche Dir doch einen gewieften Redner, einen aalglatten Manager oder einen charismatischen Verhandlungsführer." So oder ähnlich könnte Mose gebetet haben.

Doch Gott bleibt hart. Er kennt Mose durch und durch. Ja, er kennt seine Stärken und er kennt seine Schwächen. Mose brachte zweifellos viel mit, was er in dieser neuen Aufgabe gut gebrauchen konnte. Verwurzelt in beiden Kulturen – der Herkunft nach Hebräer – doch aufgewachsen am ägyptischen Hof. Vertraut mit den Gebräuchen der ägyptischen Gesellschaft. Doch in diesem Moment sieht Mose vor allem seine Schwächen, seine Begrenzung und sogar seine Unfähigkeit, in die von Gott geforderte Aufgabe einzusteigen. Auch verschiedene Befürchtungen und Ängste treiben ihn um.

Ich bin der Überzeugung, dass genau das ein Schlüssel ist. Ein Schlüssel zum Verständnis der Berufung des Mose. Ein Schlüssel, der auch für uns von grosser Bedeutung sein kann. Gott lässt Mose seine Grenzen und Schwächen entdecken. Er verschont ihn nicht vor seinen eigenen Grenzen, Schwächen und Ängsten mit einer „Schwamm-drüber-Taktik“. Im Gespräch mit Gott zählt Mose alle Punkte auf, die gegen ihn sprechen. Und das ist ein ganz wichtiger Teil dieser Berufung, vielleicht sogar der Kern der ganzen Sache.

Gott beruft einen Menschen für diese gewaltige Aufgabe, *der*

1. seine Grenzen, Schwächen und Ängste kennt
2. seine Grenzen, Schwächen und Ängste benennen kann
3. zu seinen Grenzen, Schwächen und Ängsten steht
4. trotzdem zum Dienst für Gott bereit ist

Das ist die Art und Weise, wie Gott auch uns führt, obwohl ich aus eigener Erfahrung und auch aus vielen Gesprächen weiss, dass uns das nicht so recht gefallen will und wir lieber einen Bogen um solche Wegstrecken machen. Es ist der Weg in die Tiefe. Es ist der Weg in die Selbsterkenntnis. Es ist der Weg in die Abgründe der eigenen Seele. Aber es ist vor allem ein Weg, den Gott uns führt und auf dem er uns begleitet. Wenn wir uns auf diesen Prozess einlassen, dann geschieht das Eigenartige, das Spannungsvolle, das Verrückte. Gott begegnet uns gerade da, wo wir an unsere Grenzen stossen. Gott begegnet uns genau da, wo wir unsere Schwäche ungeschminkt erkennen und bekennen – und nicht etwa da, wo wir sie vertuschen. Und das ist genau das Trostvolle und Ermutigende an dieser Berufung des Mose.

Gott bleibt hart in der Sache. Er bleibt bei seiner Entscheidung, bei seiner Berufung. Aber er gibt dem Mose Zeit und Raum in der Begegnung mit ihm, um alle seine Einwände auszubreiten. Mose nennt alle möglichen Gründe, alle möglichen Schwächen, die eigentlich gegen ihn sprechen. Das zeigt uns auf eindrückliche Art, dass der von Gott Berufene seine Grenzen, Schwäche und Ängste kennt.

Frage: Kennst *Du* auch Deine Schwächen und Grenzen? Kannst Du Deine Schwächen und Grenzen benennen? Bist Du im Gespräch mit Gott und mit einem bewährten Mitchristen, einer bewährten Mitchristin über Deine Schwächen und Grenzen? Lässt Du Dich konfrontieren auch mit den Schattenseiten Deines Lebens? Ich bin überzeugt, dass dies ganz entscheidend ist für unser persönliches Reifen und für unseren Weg als Mensch und als Christ.

Wenn wir uns nun die Einwände des Mose anschauen, so ist uns manches vertraut, weil wir es vielleicht selber schon so oder ähnlich formuliert haben. Hier die fünf Einwände des Mose, die wir uns näher ansehen wollen:

1. Wieso eigentlich gerade ich?

Dieser Einwand könnte aus unserer Zeit und aus unseren Reihen kommen. An den Kindern und Grosskindern sehen wir es erfrischend direkt und unverblümt. Geschirr abräumen? Tiere füttern? Zimmer aufräumen? Spezialjob? Und dann sofort die Frage: Warum gerade ich? Ich will jetzt nicht. Ich mag jetzt nicht. Vielleicht auch: ich fühle mich unsicher, das zu tun. Ich brauche Hilfe. Wir Erwachsenen sind in der Regel trainiert, die Verweigerungshaltung besser zu tarnen, wenn wir etwas nicht tun wollen, das eigentlich dran wäre.

Das gleiche Muster spielt natürlich auch in unsere Beziehung zu Gott hinein: Wieso eigentlich gerade ich? Und hier dann zu erfahren: Gott ist hartnäckig. Es ist nichts als normal, dass ich ihm mein Leben zur Verfügung stelle und mich für ihn und sein Reich und für meine Mitmenschen einsetze. Warum eigentlich gerade ich? Weil Gott mir viel, sehr viel anvertraut hat an Gaben, Talenten, Zeit und Geld. Weil ich an meinem Platz die Aufgabe wahrnehmen soll, die ER mir anvertraut hat.

Soweit gut - aber wenn ich nicht weiss, welche Aufgabe er mir gibt? Dann ist das ein längerer Prozess, das herauszufinden, welche Berufung er mir für mein Leben schenkt. Wichtig ist hier das Gespräch mit Gott und mit meinen Brüdern und Schwestern über meine Stärken und meine Schwächen, über meine Vorgaben, um hier grössere Klarheit zu gewinnen.

Natürlich – Gott könnte jemand anders berufen für diese Aufgabe. Aber die Wahl fällt nicht zufällig auf Mose. Dieser Auftrag passt zu seiner Biographie. Gott hat ihn vorbereitet darauf. Er kennt ja die Verhältnisse am Hof des Pharao. Er kennt den Pharao persönlich. Er kennt die Tochter des Pharao noch besser. Das war ja seine Adoptivmutter. Er kennt die Sprache am Hof. Er kennt die Sitten am Hof. Dieser Auftrag ist trotz allen Einwänden auf ihn zugeschnitten!

2. *Wie soll ich mich bei den Betroffenen legitimieren?*

Das ist tatsächlich eine schwierige Frage. Was soll er antworten auf die Frage, wer ihn geschickt hat? Dass er Gott begegnet ist, haben die anderen ja nicht miterlebt. Dass Gott ihm einen Auftrag gegeben hat, haben die anderen ja nicht gehört. Und zudem ist ja nicht jeder, der es behauptet, auch tatsächlich von Gott geschickt. Die Bibel hat gar nichts gegen eine gesunde Portion Skepsis in dieser Sache. Es gibt leider auch Irrlehrer, falsche Propheten und Apostel, ja sogar falsche Messiasse. Das in Klammern bemerkt. Nun soll Mose also aus dem Exil zu den Israeliten zurückkehren und plötzlich Anführer der Israeliten sein. Er hat nicht viel in der Hand. Es bleibt ihm nichts anderes übrig als Gott zu vertrauen. Und genau das ist ein wichtiger Teil – auch für unsere eigene Lebensschule.

3. *Und wenn sie mir nicht glauben?*

Da kommen wir nun zu einem ganz wichtigen Aspekt, der auch viele Christen heute beschäftigt. Wie wird meine Umgebung reagieren? Werden meine Mitmenschen mir Vertrauen schenken, wenn ich Ihnen etwas von Gott und Christus weitergebe?

Es ist ganz wichtig, dass wir in dieser Sache klar denken. Mose ist *nicht* verantwortlich dafür, wie die Israeliten reagieren. Mose kann den Israeliten die Verantwortung nicht abnehmen, ob sie wohlwollend oder ablehnend reagieren, ob sie sich darauf einlassen oder sich den Wegen Gottes verweigern. Und ehrlich gesagt – es ist vielleicht wie heute: die meisten Menschen im Volk Gottes waren ziemlich abhängig von den äusseren Umständen und leider auch wechselhaft in ihrem Vertrauen zum lebendigen Gott.

Mose muss es lernen, so wie wir es lernen müssen. Wir haben es nicht in der Hand, ob Menschen unserer Botschaft Vertrauen schenken und sich auf den Gott der Bibel einlassen. Der Auftrag von Mose ist klar. Was er zu tun hat, ist eindeutig. Aber er kann es den Menschen, die er leiten und anleiten soll, nicht abnehmen, dass sie sich selber auf Gott und auf den Weg mit ihm einlassen.

Das ist nach meinem Urteil auch für uns und unsere Kirchgemeinde zentral und wichtig. Selbstverständlich müssen wir eine Sprache sprechen, die die Menschen verstehen. Selbstverständlich sollen wir offen und herzhaft zu unserem Glauben stehen. Selbstverständlich müssen wir bei unseren Gottesdiensten und Veranstaltungen an die Menschen denken, die wir kennen und mit denen wir zusammenleben. Ja, wir sind verantwortlich, ihnen liebevoll und verständlich Gottes Liebe näherzubringen. Aber - wir haben es nicht in der Hand, ob sie überhaupt kommen. Wir haben es auch nicht in der Hand, wie sie auf die Impulse reagieren, die wir ihnen weitergeben. Nicht zufällig redet das Neue Testament an dieser Stelle deutlich vom Heiligen Geist, wenn es wirklich funkt und das Evangelium in einem Menschenleben Fuss fasst und es zu prägen beginnt. Auch wenn wir aktiv sind und Schritte tun – ***wir*** haben es nicht in der Hand. Wir sind und bleiben auf Gott und seinen Geist angewiesen.

4. Ich kann doch nicht gut reden!

Wie oft habe ich das gerade von erwachsenen Männern und Frauen gehört! Und tatsächlich – es stimmt bei manchen auch und ist dann wahrscheinlich auch nicht ihre Aufgabe. Aber mit der gleichen Ausrede mischt sich hier auch Mose als schwarzes Schaf unter die weissen. Nicht bei jedem, der diesen Einwand geltend macht, trifft er auch wirklich zu.

Natürlich – nicht jeder ist wortgewandt und schlagfertig. Nicht jeder findet das richtige Wort und trifft den Ton. Ich kann es nur mit der Geschichte von Mose sagen. Wenn das eine Ausrede ist, dann lässt Gott sie nicht gelten. Es könnten ja auch ganz andere Motive sein, die uns vor dem öffentlichen Reden zurückschrecken lassen. Vielleicht die eigene Unsicherheit - vielleicht die Angst missverstanden zu werden - vielleicht das Gefühl relativ ungeschützt und exponiert zu sein – vielleicht auch die Angst vor Liebesentzug. Diesen Fragen und Motiven muss man sich zweifellos stellen, wenn man eine öffentliche Aufgabe wahrnimmt. Aber genau in diese Unsicherheit hinein bestätigt Gott dem Mose: ich bin bei Dir, ich bin mit Dir. Und das ist wichtiger als alle Verletzbarkeit und Unsicherheit. Mit diesem tiefen Wissen um Gottes Gegenwart kann er es riskieren.

5. Schicke lieber einen Andern!

Mose ist langsam aber sicher am Ende mit seinem Latein. Wer mit Gott zu diskutieren beginnt, der kann ganz schön ins Schwitzen kommen. Offenbar sind dem Mose die Argumente jetzt ausgegangen. Ein letzter hilfloser Versuch, um Gottes Berufung zu entrinnen: Schicke lieber einen Andern! Berufe doch Hinz und Kunz, aber lass mich bitte in Ruhe. Ich will einfach nicht. So offen und ehrlich redet Mose mit Gott. Das finde ich faszinierend. Nichts fromm-verstelltes. Direktes freimütiges Reden. Argumente. Einwände. Gegenargumente. Auseinandersetzung. Und Gott erträgt das. Er lässt sich darauf ein. ***So*** dürfen wir mit Gott reden. Mose tut es. Es geht zwei Kapitel lang hin und her. Gott hat einen langen Atem. Er lässt nicht locker. Und er holt Mose schliesslich ein und gewinnt ihn. Und Mose? Er bereitet sich vor und geht. Er lässt sich darauf ein. Er wagt es.

AMEN!

Zwischenfall am Roten Meer

Als es dem König von Ägypten angesagt wurde, dass das Volk geflohen war, wurde sein Herz verwandelt und das Herz seiner Großen gegen das Volk und sie sprachen: Warum haben wir das getan und haben Israel ziehen lassen, sodass sie uns nicht mehr dienen? Und er spannte seinen Wagen an und nahm sein Volk mit sich und nahm sechshundert auserlesene Wagen und was sonst an Wagen in Ägypten war mit Kämpfern auf jedem Wagen. Und der HERR verstockte das Herz des Pharao, des Königs von Ägypten, dass er den Israeliten nachjagte. Aber die Israeliten waren unter der Macht einer starken Hand ausgezogen. Und die Ägypter jagten ihnen nach mit Rossen, Wagen und ihren Männern und mit dem ganzen Heer des Pharao und holten sie ein, als sie sich gelagert hatten am Meer bei Pi-Hahirot vor Baal-Zefon. Und als der Pharao nahe herankam, hoben die Israeliten ihre Augen auf, und siehe, die Ägypter zogen hinter ihnen her. Und sie fürchteten sich sehr und schrien zu dem HERRN und sprachen zu Mose: Waren nicht Gräber in Ägypten, dass du uns wegführen musstest, damit wir in der Wüste sterben? Warum hast du uns das angetan, dass du uns aus Ägypten geführt hast? Haben wir's dir nicht schon in Ägypten gesagt: Lass uns in Ruhe, wir wollen den Ägyptern dienen? Es wäre besser für uns, den Ägyptern zu dienen, als in der Wüste zu sterben. Da sprach Mose zum Volk: Fürchtet euch nicht, steht fest und seht zu, was für ein Heil der HERR heute an euch tun wird. Denn wie ihr die Ägypter heute seht, werdet ihr sie niemals wiedersehen. Der HERR wird für euch streiten, und ihr werdet stille sein. Und der HERR sprach zu Mose: Was schreist du zu mir? Sage den Israeliten, dass sie weiterziehen. Du aber hebe deinen Stab auf und recke deine Hand über das Meer und teile es mitten durch, sodass die Israeliten auf dem Trockenen mitten durch das Meer gehen. Siehe, ich will das Herz der Ägypter verstocken, dass sie hinter euch herziehen, und will meine Herrlichkeit erweisen an dem Pharao und aller seiner Macht, an seinen Wagen und Männern. Und die Ägypter sollen innewerden, dass ich der HERR bin, wenn ich meine Herrlichkeit erweise an dem Pharao und an seinen Wagen und Männern. Da erhob sich der Engel Gottes, der vor dem Heer Israels herzog, und stellte sich hinter sie. Und die Wolkensäule vor ihnen erhob sich und trat hinter sie und kam zwischen das Heer der Ägypter und das Heer Israels. Und dort war die Wolke finster und hier erleuchtete sie die Nacht, und so kamen die Heere die ganze Nacht einander nicht näher. Als nun Mose seine Hand über das Meer reckte, ließ es der HERR zurückweichen durch einen starken Ostwind die ganze Nacht und machte das Meer trocken und die Wasser teilten sich. (Exodus 14,5-21)

Liebe Gemeinde,

es könnte nicht ungleicher sein! Wenn man die Israeliten und die Ägypter gegenüberstellt, sieht man die frappierende Ungleichheit. Da ist auf der einen Seite dieser Zug von Sklaven, die unter der Führung von Mose ihren Weg in die Freiheit angetreten haben, die eben erst der Zwangsarbeit und Unterdrückung entrinnen konnten. Und dann auf der anderen Seite die Ägypter! Der Pharao – einer der mächtigsten Männer der damaligen Welt. Chef eines Weltreichs. Herr über Millionen von Untertanen – auch bis vor einiger Zeit über diese Zwangsarbeiter: die Israeliten. Ihn reut es sehr, dass er diese billigen Arbeitskräfte losgeworden ist. Bevor es zu spät ist, will er sie nun wieder zurückholen. Dafür setzt die Weltmacht Ägypten ihre Armee ein. Paradewaffe sind die damals hochmodernen mobilen Streitwagen, die er auffahren lässt. Darunter sind unter anderem 600 Streitwagen, die seine Elitetruppen bilden.

Und die Israeliten, was haben sie dem entgegenzusetzen? Welche Waffen hatten sie zur Verfügung? Wie sah ihre Armee aus? Nun, im Vergleich zur Armee der Weltmacht war das nichts. Kein über Jahre regelmässig gespiesenes Verteidigungsbudget. Kein hart trainierter und gut ausgebildeter Offiziersstab. Keine Kampferfahrung im Krieg. Vielleicht hatten sie einige Waffen zur Verfügung – aber viel war es auf keinen Fall. Und die Ägypter konnte man damit sicher nicht beeindrucken.

Schon da fällt auf, dass in der Geschichte Gottes mit seinen Leuten immer wieder ähnliche Situationen auftreten. David kämpft und gewinnt gegen Goliath. Gideon besiegt mit 300 Leuten ein übermächtiges Heer. Josua macht einen Umzug um Jericho – eine Stadt mit einer imposanten, scheinbar uneinnehmbaren Festungsmauer, die dann doch fällt. Eigentlich ist es immer klar, wie es menschlich gesehen ausgehen muss – und doch kommt es anders.

Doch zurück zum Roten Meer. Es braucht nicht viel Fantasie, wenn wir uns vorstellen, was in den Köpfen der Israeliten vorgegangen ist, als sie da die Ägypter sahen. Vorne das Meer. Hinten die ägyptische Streitmacht. Eingekesselt also. Zurück können sie nicht. Und vorwärts können sie nicht. Es liegt auf der Hand, was passiert. Die Reaktion der Israeliten wird dreifach beschrieben:

1. Sie haben Angst. Das wird niemanden verwundern, der über die militärischen Kräfte Bescheid weiss. Mehr noch: es *packte* sie die Angst. Es ist nicht einfach Angst. Es ist *lähmende* Angst. Angst, die sie förmlich erstarren lässt. Angst, die es verbaut, nüchtern zu überlegen und entschlossen zu handeln. Viele – vielleicht sogar fast alle – sind nicht mehr in der Lage, klare Gedanken zu fassen.
2. Sie schreien zu Gott. Wenn es ganz brenzlig wird – wenn kein Ausweg sichtbar ist – wenn die nackte Verzweiflung im Nacken sitzt ... Jetzt schreien sie zu Gott. Das ist eigenartig und doch tief menschlich - etwas, was wir immer wieder beobachten können. An den Grenzen des Lebens, in Ausweglosigkeit, in Verzweiflung ist plötzlich die Frage nach

Gott ganz stark da. Plötzlich beginnen auch Männer und Frauen, die bisher wenig nach Gott gefragt und wenig über ihn geredet haben, Gott zu suchen und sich mit ihm auseinander zu setzen. Der Volksmund hat daraus das geflügelte Wort geformt: Not lehrt beten. Oder wie es ein Satz aus den Psalmen formuliert, wie Gott uns ermutigt, ihn zu suchen: Rufe mich an in der Not... Schreien ist eine zugegebenermassen für uns etwas ungewohnte Gebetsform. Darf man denn überhaupt so beten? Ja sicher. Es ist ja überhaupt nicht verwunderlich, dass sie schreien. Gebet muss nicht immer nüchtern, abgeklärt und unterkühlt sein. In der Bibel lernen wir zu beten, indem wir unser Herz vor Gott ausschütten.

3. Sie machen dem Mose Vorwürfe. Weshalb eigentlich richten sie diese Vorwürfe nicht direkt an Gott? Ich weiss es nicht. Mose muss die ganze Ladung entgegennehmen. Und das ist für ihn ein ganz schwieriger Moment. Nun könnte er ja die ganze Sache hinschmeissen. Er hat ja schon damals, als Gott ihn berufen wollte, alle möglichen Bedenken geäussert. Er könnte jetzt zu Gott sagen: Siehst Du? Ich hab's doch gewusst! Die Vorwürfe an Mose sind happig. Die Israeliten stellen in dem Moment, als ihnen die Ägypter immer näher auf den Leib rücken – *alles in Frage*. Plötzlich erscheint die brutale Unterdrückung und Zwangsarbeit in Ägypten in einem verklärten Licht. Mose erscheint als der Schuldige, als Verführer, als Todbringer. Seine Führungsrolle ist in Frage gestellt. Wir spüren: in diesem dramatischen Moment steht *alles auf dem Spiel*. Alle bisherigen Erfahrungen mit Gott. Alle bisherigen Erfahrungen mit Mose als dem verantwortlichen Leiter. Alles ist in Zweifel gezogen. Alles scheint fraglich.

Die Reaktion der Israeliten ist entlarvend. Und sie ist so menschlich und verständlich und echt. Die Berichterstattung in der Bibel – auch die Berichterstattung über Gottes Volk und die führenden Persönlichkeiten, hat es nicht nötig, da irgendetwas zu vertuschen. Gott ist an Echtheit und Wahrhaftigkeit interessiert – auch bei uns. Wie reagieren *wir* denn in Ausweglosigkeit, in verzwickten und verzweifelten Situationen? Ja, da können wir die gleichen Reaktionen zeigen: wir machen anderen Vorwürfe – wir beginnen plötzlich zu beten – wir haben Angst. Wahrscheinlich hat jedes von uns seinen ganz persönlichen Mix aus dieser Küche drauf.

Auf jeden Fall gibt es auch in unserem Leben diese *Rot-Meer-Situationen*. Vorne siehst Du keinen Weg, den Du gehen kannst. Und hinten rücken die Schwierigkeiten immer näher. Konkret kann das beispielsweise so aussehen. Die Wohnung oder das Haus wurde gekündigt oder die Kündigung steht in Aussicht – und alle Bemühungen um eine neue Wohnung scheitern. Rot-Meer. Beruflich bist Du in eine Sackgasse geraten. Du spürst, es muss sich etwas ändern, aber was? Rot-Meer. In der Kindererziehung kann man Legionen von Büchern lesen und Ratschläge beherzigen und trotzdem auflaufen mit einem Kind, nicht mehr durchblicken. Rot-Meer. Du kannst hier Deine eigenen Erfahrungen einsetzen, wo Du in Deinem Leben, in Beziehungen oder bei Deiner Arbeit nicht mehr weiterkommst oder weitersiehst. Rot-Meer.

Nun ist ja das Irritierende an dieser Geschichte vom Roten Meer die Behauptung, dass *Gott selber* die Israeliten in diese Grenzerfahrung hineingeführt hat. So jedenfalls wird es in den biblischen Schriften gedeutet. Ich sage es nochmals: *Gott* führt die Israeliten an Ihre Grenzen. *Gott* ist es, der sie spüren und erkennen und erfahren lässt, dass sie mit ihrem eigenen Latein am Ende sind. *Gott* ist es, der den Pharao heranrücken lässt. Um es auf die Spitze zu treiben: *Gott* selber führt die Israeliten in diese Krise hinein. Zugegeben - das ist irritierend.

Das bringen wir nicht zusammen mit unserer Vorstellung von einem zahmen Gott, der immer lieb und brav und nett ist. Letztlich so harmlos, dass unser Denken und Handeln dadurch nicht in Frage gestellt und verändert wird. Nur hält sich der Gott, der uns in der Bibel vorgestellt wird, nicht an diesen engen Rahmen, in den wir ihn manchmal einzusperren versuchen. Er ist ein Gott, den wir nicht in der Tasche haben – ein Gott, der uns – auch als Menschen, die mit ihm rechnen – immer wieder überraschen wird.

Wir alle kennen Engpässe in unserem Leben – Ausweglosigkeiten und Sackgassen. Und dann diese Frage: Könnte es sein, dass Gott selbst uns, mich da hineingeführt hat und uns, mir genau da begegnen möchte? Könnte es sein, dass Gott mich an meine Grenzen führt, damit ich barmherziger werde mit den Grenzen anderer Menschen? Könnte es sein, dass Gott mich in eine Krise führt, damit mein Leben und mein Vertrauen zu ihm daran wächst und reift? Könnte es sein, dass meine Schwierigkeiten eine Chance Gottes sind, in meinem Leben etwas Neues anbrechen zu lassen? Bei den Israeliten war es auf jeden Fall so. Diese Grenzerfahrung wird zur Gotteserfahrung. Gott wendet die Ausweglosigkeit. Er tut einen Weg auf, und zwar genau da, wo es eigentlich keinen Weg gibt. Er tut etwas, was über die bisherige Erfahrung seiner Leute hinausgeht. Der Weg führt mitten durch die scheinbare Unmöglichkeit hindurch.

Ich staune über Mose. Er kommt mir hier fast vor wie ein Fels in der Brandung. Nachdem ihn seine Leute mit Vorwürfen überschüttet haben, sagt er zu ihnen: „Verliert nur nicht den Mut! Wartet ab und seht zu, wie der Herr euch heute retten wird. Ihr werdet Zeugen sein, wie die Ägypter ihre grösste Niederlage erleben. Der Herr selbst wird für euch kämpfen, ihr könnt ganz ruhig sein." Das sind nun Klänge aus einer ziemlich anderen Welt. Vorne das Meer – hinten die Streitwagen, die Staub aufwirbeln und immer näher kommen. Die Vorwürfe des Volkes an die Adresse von Mose. Und dann diese Worte.

Mose versucht, seine Leute zu beruhigen. Er spricht ihnen in dieser Ausweglosigkeit Hoffnung und Mut zu. Aus seinen Worten spricht ein tiefes Vertrauen zu Gott, das uns in dieser Situation fast übermenschlich erscheint. Mose weiss es - und er vermittelt auch diese Botschaft: Nur Gott kann uns jetzt helfen. Und er wird es auch tun. Ich setze meine Hoffnung auf ihn.

Was ist mein „Rotes Meer"? Wo stosse ich meinem Leben an eine Grenze, wo es nicht vorwärts und nicht rückwärts geht, wo ich keinen Ausweg sehe? Und dann erfahren: Gott lässt mich nicht hängen! Gott tut mir – vielleicht wie hier im letzten Moment! – einen Ausweg auf. Gott schickt uns einen Engel, der uns schützt vor einer Übermacht, die sich auf uns stürzen will. Gott bahnt einen Weg, wo ich jetzt noch keinen sehe. Gott will durch die Krise hindurch unser Vertrauen zu ihm festigen und stärken.

So steht diese Geschichte vom Roten Meer als Erinnerung dafür, dass Gott damals und heute ein Gott ist, der in der Ausweglosigkeit einen Weg bahnen kann.

AMEN!

Der Rat des Schwiegervaters

Am andern Morgen setzte sich Mose, um dem Volk Recht zu sprechen. Und das Volk stand um Mose her vom Morgen bis zum Abend. Als aber sein Schwiegervater alles sah, was er mit dem Volk tat, sprach er: Was tust du denn mit dem Volk? Warum musst du ganz allein da sitzen, und alles Volk steht um dich her vom Morgen bis zum Abend? Mose antwortete ihm: Das Volk kommt zu mir, um Gott zu befragen. Denn wenn sie einen Streitfall haben, kommen sie zu mir, damit ich richte zwischen dem einen und dem andern und tue ihnen kund die Satzungen Gottes und seine Weisungen. Sein Schwiegervater sprach zu ihm: Es ist nicht gut, wie du das tust. Du machst dich zu müde, dazu auch das Volk, das mit dir ist. Das Geschäft ist dir zu schwer; du kannst es allein nicht ausrichten. Aber gehorche meiner Stimme; ich will dir raten und Gott wird mit dir sein. Vertritt du das Volk vor Gott und bringe ihre Anliegen vor Gott und tu ihnen die Satzungen und Weisungen kund, dass du sie lehrst den Weg, auf dem sie wandeln, und die Werke, die sie tun sollen. Sieh dich aber unter dem ganzen Volk um nach redlichen Leuten, die Gott fürchten, wahrhaftig sind und dem ungerechten Gewinn Feind. Die setze über sie als Oberste über tausend, über hundert, über fünfzig und über zehn, dass sie das Volk allezeit richten. Nur wenn es eine größere Sache ist, sollen sie diese vor dich bringen, alle geringeren Sachen aber sollen sie selber richten. So mach dir's leichter und lass sie mit dir tragen. Wirst du das tun, so kannst du ausrichten, was dir Gott gebietet, und dies ganze Volk kann mit Frieden an seinen Ort kommen. Mose gehorchte dem Wort seines Schwiegervaters und tat alles, was er sagte, und erwählte redliche Leute aus ganz Israel und machte sie zu Häuptern über das Volk, zu Obersten über tausend, über hundert, über fünfzig und über zehn, dass sie das Volk allezeit richteten, die schwereren Sachen vor Mose brächten und die kleineren Sachen selber richteten. Und Mose ließ seinen Schwiegervater wieder in sein Land ziehen. (Exodus 18,13-27)

Liebe Gemeinde,

ein neuer Tag beginnt. Ein gewöhnlicher Arbeitstag für Mose. Der Auszug der Israeliten aus Ägypten ist geschafft. Die Rettung vor den Verfolgern am Roten Meer liegt hinter ihnen. Die Loblieder sind schon etwas abgeflaut. Der Alltag hat die Israeliten bereits eingeholt. Nachdem der äussere Feind abgehängt ist, haben sie nun endlich wieder Zeit, miteinander zu streiten. Für Mose bedeutet dies: Streitfälle bearbeiten und schlichten vom Morgen bis zum Abend. Das Volk, das erst gerade aus der Sklaverei entronnen ist, muss sich an die neu gewonnene Freiheit gewöhnen. Lange Jahre unterdrückt, rechtlos, verwahrlost, wahrscheinlich verwildert. Und nun plötzlich in Freiheit leben. Das ist gar nicht so einfach. Sie müssen mit der Freiheit leben lernen ...

Ein Volk von 600'000 Männern – Frauen und Kinder nicht mitgezählt –in der Wüste unterwegs mit Sack und Pack, Mann und Maus, wenn wir der Information des Buches Exodus Glauben schenken. Das Streitpotential ist da natürlich riesig. Wo so viele Menschen auf einem Haufen leben, passiert allerhand. Streit wegen dem spärlichen Wasser für Tiere und Menschen. Einer wirft ein Auge auf die Frau seines Nachbarn. Da werden Streitigkeiten mit Fäusten ausgetragen. Einer zieht über seine Eltern her. Einer verleumdet seinen Kollegen. Ein Rind verschwindet und taucht plötzlich in der Herde eines anderen Israeliten auf. Beim Handeln haut einer den anderen übers Ohr und in die Pfanne ... usw.

So sehen wir hier den normalen Arbeitstag des Moses. Vom Morgen bis zum Abend muss er sich nun mit diesen Dingen beschäftigen: Das Rind sollte wieder zum ursprünglichen Besitzer zurück. Wasser- und Futterstreit schlichten. Der Verleumder sollte sich doch zumindest entschuldigen. Ein Ehebruch muss bearbeitet werden. Dazu noch jede Menge Kleinkram, wie es ihn auch bei uns gibt: der Nachbar lärmt zu spät, hustet zu laut und grüsst versehentlich nicht. All diesen Ärger tragen die Israeliten brav zu Mose. Klar, er ist ja der Führer des Volkes. Er *muss* sich doch darum kümmern. Schliesslich ist er ja der Chef. Und so teilt Mose das Problem so manches Vorgesetzten seither: Er ist Ansprechpartner für alle und alles – ungefiltert dringt alles zu ihm. Positiv gesagt: er ist ein volksverbundener Mensch, ein volksnaher Politiker – und wer möchte sagen, dies sei nicht wichtig. Und doch: wenn man vom Morgen bis zum Abend damit zu tun hat, wie soll man sich da noch um die echten Prioritäten, die grundlegenden Dinge kümmern. Wer so stark vom Alltäglichen verschlungen wird, läuft Gefahr, sich darin zu verlieren. Mose hat von Gott ein anderes Geschäft erhalten, als den alltäglichen Kleinkram der Israeliten zu erledigen. Was ist sein Auftrag und seine Berufung? Er soll das Volk Israel aus Ägypten ins Gelobte Land führen. Das ist das Ziel. Das ist seine Aufgabe. Aber dazu kommt er wegen all den Dringlichkeiten gar nicht mehr.

Zum Glück trifft da gerade sein Schwiegervater Jitro zu einem Verwandtschaftsbesuch ein. Und er erlaubt sich, zu beobachten, wie das so läuft bei Mose, wie dieser mit seiner grossen Leitungsverantwortung klarkommt. Er hat auch die nötige Distanz dazu: er ist ja erst gerade angekommen, hat den Blick von aussen, ist nicht verwickelt ins Volk, ist nicht betriebsblind. Er hat sich von Mose die Flucht aus Ägypten erzählen lassen und über Gottes Wege gestaunt. Grossartig. Und jetzt sieht er das Chaos bei Mose.

Jitro geht sorgfältig vor. In drei Schritten hilft er Mose, einschneidende Korrekturen einzuleiten.

1. Er schaut sich alles einmal in Ruhe an. Er analysiert. Er schiesst nicht vorschnell mit einem Ratschlag ins Kraut. Was sieht er? Er sieht Mose, wie er den ganzen Tag vom Volk

beansprucht wird, um Recht zu sprechen. Er sieht die psychische und physische Beanspruchung. Die Kräfte von Mose werden bald verheizt sein. So schafft er es niemals bis ins Gelobte Land. Jitro sieht, dass da etwas schief geht.

2. Er stellt Fragen. Manchmal braucht es Menschen von aussen – Freunde, Kollegen, Berater, Schwiegerväter -, die ganz einfache, scheinbar banale Fragen stellen und uns durch ihre Fragen zur Besinnung bringen: „Was tust du denn da mit dem Volk? Warum musst du ganz allein diese Arbeit tun?" Diese Fragen sind ein Weckruf. Wohl den Menschen, die uns ganz persönlich die richtigen Fragen stellen! Sicher haben nicht alle das Recht dazu! Aber: Haben Sie eine Handvoll von solchen Freunden, Wegbegleitern und Beratern?

3. Er bringt einen schrägen Input, einen ganz anderen Ansatz, der das bisherige Denken und Verhalten von Mose sprengt: *„Es ist nicht gut, wie du das tust."* Mit anderen Worten: Jitro sagt Mose freundlich im Ton, aber klar in der Sache: „So, wie das jetzt läuft, bist du auf dem Holzweg. So geht es nicht weiter." Ein heilsames Erschrecken. Nicht immer kommt eine solche Botschaft gut an. „Wir haben das doch schon immer so getan! Wozu würde das führen, wenn wir das ändern? Wir tun doch nur unser Bestes." Sicher, nur kritisieren ist zu wenig. Nörgler bringen es leider nur bis zu diesem Punkt. Sie wissen sehr gut, wie es nicht sein soll. Aber: wie soll es denn besser werden? Was sind Lösungsansätze? Viele Menschen auch bei uns wissen haargenau, wie man Kinder nicht erziehen sollte, was Bill Clinton, die Kirchen und der Bundesrat verkehrt machen, wie sich Handwerker, Lehrer, Pfarrer, Aerzte und auch Nachbarn nicht verhalten sollten etc. Aber Jitro hat weit mehr als das auf dem Kasten. Er bringt nach der deutlichen Kritik auch einen *gangbaren Lösungsansatz*. Mose soll sich nun auf seine Leitungsaufgabe konzentrieren: Er soll das Volk öffentlich über Gottes Weisung unterrichten. Das ist seine Führungsaufgabe: von Gott her den Kurs aufzeigen. Das ist auch eine Art Prävention. Wenn Gottes Weg und Weisung bekannt ist, lässt sich mancher Absturz vermeiden. Und er soll nur noch *ganz schwierige* Rechtsfälle lösen. So bleiben seine Kräfte für die grosse Aufgabe frei und der Burn-out ist abgewendet. Um die leichteren Angelegenheiten zu regeln, wird das Volk in kleine Gruppen aufgeteilt, die einen klaren Ansprechpartner bekommen, der sich um ihre Angelegenheiten kümmert. Jeweils 10 Personen haben eine Anlaufstelle. Wenn die Sache hier zu schwer wird, kommt es vor den Obersten über 50 oder 100. Wenn man es auch hier nicht regeln kann, kommt es zum Ansprechpartner über jeweils 1000 Leute. Erst dann, wenn man es auf allen diesen Stufen nicht regeln kann, kommt die Sache zu Mose. Auf einen Schlag erhält Mose Tausende von Assistenten, die Mitverantwortung tragen. Wahrscheinlich ist Mose damit 80 – 90 % seiner Arbeit losgeworden. Er hat Kompetenzen und Verantwortung abgegeben. Er kann sich nun

wieder den Dingen widmen, die für die Leitung des Volkes mittel- und langfristig wichtig sind.

Wir alle tragen Verantwortung für unser eigenes Leben. Viele von uns tragen auf die eine oder andere Art Verantwortung für *andere* Menschen: als Vater und Mutter, als Berufsleute, als Bürger, als Nachbarn, als Politiker, als Amtsträger in Kirche und Gesellschaft. Und genau da können wir die Erfahrung des Mose machen: auf Trab gehalten durchs Alltagsgeschäft – aber keine Zeit für die wesentlichen Dinge. In der Managementliteratur ist dies ein bekanntes Phänomen. Peter Drucker und Warren Bennis schreiben: *„Management bedeutet, Dinge recht zu tun. Leiterschaft bedeutet, die richtigen Dinge zu tun."* Mose war also über beide Ohren im Management drin, aber die Leiterschaft kam entschieden zu kurz. Hier lag sein Problem. Für Leiterschaft hatte er ja keine Zeit mehr, obwohl dies seine Berufung von Gott war. Kennen sie den Spruch: Als wir das Ziel aus den Augen verloren, verdoppelten wir die Geschwindigkeit ... Betriebsamkeit ist manchmal ein Zeichen dafür, dass wir das grosse Ziel aus den Augen verloren haben. Mose ist zwar beschäftigt. Er könnte seinem Schwiegervater sagen: Ich habe viel zu tun. Ich habe keine Zeit, mich mit dir abzugeben. Siehst Du nicht, ich habe Wichtigeres zu tun, als mit dir einen Schwatz zu halten. Nein: Mose kann diesen Rat annehmen! Zum Glück!

Jitro legt übrigens die Latte nicht zu tief für die Personen, die nun einen Teil der Verantwortung von Mose übernehmen. Er hat klare Vorstellungen, wer dafür in Frage kommt. Vier Kennzeichen sind gefordert:

1. Redlichkeit
2. Respekt gegenüber Gott
3. Zuverlässigkeit und Wahrhaftigkeit
4. Unbestechlichkeit

Wir sehen hier, dass ein hoher Standard für Leitung festgesetzt wird. Aber ist das zuviel verlangt für eine öffentliche Funktion im Volk Gottes? Meine Antwort ist: Nein! Wer das Mass schon hier heruntersetzt, wird sich im Nachgang viele zusätzliche Probleme einhandeln, die sehr zeitintensiv sind. Es ist kein Jekami, einen Teil der Leitungsverantwortung zu tragen. Ich frage Sie: Wie wäre es, wenn diese vier Kriterien auch heute noch bei der Besetzung von öffentlichen Funktionen und Kaderstellen beachtet würden?

Für solche Berater wie Jitro muss man heute teuer bezahlen. Unternehmensberatungen, Vermögenszentrum, Lebensberatung, Experten für alles Mögliche ... Wo aber sind die unbestechlichen Berater für unsere Kirche, die ihr den Auftrag vor Augen stellen und gangbare Wege für die Gegenwart aufzeigen?

Unsere Landeskirche hat eigentlich nur wenige zahlenmässige Vorgaben. Die klarste Vorgabe ist das Verhältnis Pfarrer zu Mitgliederzahl. Wir befinden uns damit bei Jitro auf der zweiten Ebene: bei den Tausenden. Aber Jitro ging noch weiter: Ansprechpartner für viel kleinere Einheiten - für 100, für 50, für 10. Dafür hat unsere Kirche leider keine klare Vorgabe. Wenn man dem Ratschlag des Jitro Glauben schenkt, bräuchte es eine feingliedrige Mikrostruktur, um nahe bei den Menschen zu sein. Denn sie brauchen niederschwellige Ansprechpartner, vertraute Menschen in ihrer nächsten Umgebung. Das bedeutet für unsere Kirche, dass sie ein Netz von ehrenamtlichen Mitarbeitern braucht, die sich um einzelne Menschen in besonderem Mass kümmern. Wenn wir Jitros kleinste Einheit nehmen, müssten dies bei uns etwa 250 Personen sein. In der Tat sind es aber weit weniger.

Interessanterweise hat auch das sich ausbreitende Christentum eine ähnliche Zahlenreihe. Jesus widmete einen wesentlichen Teil seiner Zeit einem Kreis von nur gerade zwölf Personen. Die erste Gemeinde umfasste zunächst 120 Personen. An Pfingsten kamen nochmals 3000 dazu. Auch hier ist wieder wie bei Jitro eine Stufung aus dem Zehnerbereich in den Hunderterbereich, in den Tausenderbereich. Das Wachstum der christlichen Gemeinde geschieht von unten her.

Die Zehner- und Zwölferzahl weckt auch den Gedanken an kleine Gruppen in der Kirche: Teams, Dienstgruppen, Kirchenpflege, Hauskreise. Seit etwa zwanzig Jahre kenne ich vielfältige Formen von kirchlichen Kleingruppen. Nur ein eigenartiges Phänomen konnte ich bis heute nicht entschlüsseln. Vielleicht hängt es mit unserer Prägung zusammen. Viele tun sich schwer mit dem Gedanken, dass eine solche Gruppe einen Leiter oder eine Leiterin braucht. Wir sind kreativ und erfinderisch mit Bezeichnungen, um das Wort Leitung zu meiden: wir reden lieber von Delegierten, Kontaktpersonen u.ä. Meine Überzeugung ist, dass jemand für eine solche Gruppe die Verantwortung übernehmen muss – und zwar wegen den Menschen. Meine Rückfrage ist die: Wer kümmert sich um die Menschen? Wer fragt nach, wie es den Einzelnen geht? Wer ruft an und geht vorbei, wenn man einige Zeit nichts hört? Das kann niemand für tausende leisten! Wohl aber für eine Handvoll! Hier ist der Hirtendienst im kleinen gefragt. Oftmals habe ich – auch hier in Lausen – eine grosse Hemmung in dieser Frage festgestellt. Leiterschaft scheint etwas Verdächtiges an sich zu tragen. Obwohl Jesus die Sache doch dadurch entschärft hat, indem er Leitung als Dienst und nicht etwa als Herrschen definiert hat. Es geht nicht darum, dass jemand die anderen unter der Knute hält. Wer andere manipulieren und knechten will, kommt mit Jesu Weisung in scharfen Konflikt.

Unsere Kirchgemeinde kann auf eine bewegte Geschichte zurückblicken. Sie weist über die letzten zweihundert Jahre eine erstaunliche Konstanz in der Ausrichtung der Verkündigung auf. Sie feiert den Gottesdienst in einer der ältesten Kirchen unseres Kantons. Sie weist einen Aktivitätspegel auf wie wenige Kirchgemeinden vergleichbarer Grösse in unserem Kanton. Doch ist unser Programm nicht einfach ein Sammelsurium persönlicher Lieblingskinder, ein Patchwork, das kein Bild gibt? Wie passen denn die verschiedenen Teile zusammen? Haben wir den Mut, Aktivitäten friedlich zu bestatten, wenn ihre Zeit abgelaufen ist? Sind wir bereit, fruchtlose Bemühungen preiszugeben? Das sind Fragen, die mich wirklich beschäftigen. Hier ist Leitung gefragt!

Ich verstehe die Aufgabe von Pfarramt und Kirchenpflege dahin, die Kirchgemeinde gemeinsam zu leiten. Aber auch bei uns haben sich in den letzten Jahren Leitung und Management oft gebissen. Die Leitungsverantwortung können wir nur dann wahrnehmen, wenn wir nicht von der Fülle der Alltagsgeschäfte erschlagen werden.

Kürzlich hatten wir eine Begegnung mit einer anderen Kirchenpflege, die uns wertvolle Gedankenanstösse gab. Diese Kirchgemeinde weist in ihrer Entwicklung erstaunlich viele Parallelen zu unserer Kirchgemeinde auf. Doch zwei Unterschiede sind mir besonders aufgefallen: der Aktivitätspegel ist in etwa gleich hoch, aber die ehrenamtlichen Mitarbeiter sind dort viel zahlreicher. Es sind mehr als doppelt so viele wie bei uns! Ich frage mich schon, woran das liegt. Hat unsere Kirchgemeinde in der Vergangenheit gegenüber den Ehrenamtlichen versagt? Zu wenig Wertschätzung für ihren Beitrag gezeigt? Ihnen zu viele Hindernisse in den Weg gelegt? Sie zu wenig in ihrer Entwicklung gefördert? Eines ist klar: wir brauchen neue, frische Kräfte, um unseren Dienst als Kirchgemeinde zu tun. Geben Sie uns ein Signal! So können Sie einer möglichen Berufung vorgreifen. Die schon über alle Ohren Engagierten sind natürlich von diesem Appell ausgenommen.

Der zweite Unterschied, der mir aufgefallen ist: unsere Schwesterkirchgemeinde hält ihren ehrenamtlichen und hauptamtlichen Mitarbeitern den Rücken frei von der Administration. Ein Grossteil der administrativen Last, die bei uns auf dem Präsidenten, dem Vizepräsidenten, dem Aktuar und dem Kassier der Kirchgemeinde und auch auf uns Pfarrern lasten, wird dort durch ein angemessen dotiertes Sekretariat erledigt. Das bedeutet: die Amtsträger und die ehrenamtlichen Mitarbeiter auf allen Ebenen werden durch das Sekretariat unterstützt und entlastet. Da sind Kräfte freigesetzt, die bei uns gegenwärtig gebunden sind. Wenn wir unsere Gemeinde aufbauen wollen und unsere Zeltpflöcke weiter aussen einschlagen wollen, wenn wir weitere Kreise unserer Mitglieder mit relevanten Angeboten erreichen wollen, - und wir sind schon dabei, dies zu tun -, dann wird dies zwangsläufig mehr Administration nach sich ziehen. Die Summe der Arbeit in einer wachsenden Gemeinde wird nicht geringer, sondern grösser. Die Kernfrage ist nur: werden die Strukturen mitwachsen?

Mose musste auf dem Weg der Ermahnung und des Ratschlags lernen, dass die bisherige Struktur nicht mehr ausreichte. Zum Glück hatte er einen Schwiegervater mit einem unbestechlichen Blick, mit unbequemen Fragen und mit einem wegweisenden und tragfähigen Ratschlag.

AMEN!

Mose nimmt Abschied

Und Mose stieg aus dem Jordantal der Moabiter auf den Berg Nebo, den Gipfel des Gebirges Pisga, gegenüber Jericho. Und der HERR zeigte ihm das ganze Land: Gilead bis nach Dan und das ganze Naftali und das ganze Land Ephraim und Manasse und das ganze Land Juda bis an das Meer im Westen und das Südland und die Gegend am Jordan, die Ebene von Jericho, der Palmenstadt, bis nach Zoar. Und der HERR sprach zu ihm: Dies ist das Land, von dem ich Abraham, Isaak und Jakob geschworen habe: Ich will es deinen Nachkommen geben. – Du hast es mit deinen Augen gesehen, aber du sollst nicht hinübergehen. So starb Mose, der Knecht des HERRN, daselbst im Lande Moab nach dem Wort des HERRN. Und er begrub ihn im Tal, im Lande Moab gegenüber Bet-Peor. Und niemand hat sein Grab erfahren bis auf den heutigen Tag. Und Mose war hundertundzwanzig Jahre alt, als er starb. Seine Augen waren nicht schwach geworden und seine Kraft war nicht verfallen. Und die Israeliten beweinten Mose im Jordantal der Moabiter dreißig Tage, bis die Zeit des Weinens und Klagens über Mose vollendet war. Josua aber, der Sohn Nuns, wurde erfüllt mit dem Geist der Weisheit; denn Mose hatte seine Hände auf ihn gelegt. Und die Israeliten gehorchten ihm und taten, wie der HERR es Mose geboten hatte. Und es stand hinfort kein Prophet in Israel auf wie Mose, den der HERR erkannt hätte von Angesicht zu Angesicht, mit all den Zeichen und Wundern, mit denen der HERR ihn gesandt hatte, dass er sie täte in Ägyptenland am Pharao und an allen seinen Großen und an seinem ganzen Lande, und mit all der mächtigen Kraft und den großen Schreckenstaten, die Mose vollbrachte vor den Augen von ganz Israel. (Deuteronomium 34,1-12)

Liebe Gemeinde,

Mose – Sohn aus einem versklavten Volk. Mose – ausgesetzt in einem Korb. Mose – Adoptivsohn der Tochter des Pharao und Prinz von Ägypten. Mose – Flüchtling mit einem Mord auf dem Kerbholz. Mose – untergetaucht als Hirte in einer einsamen Gegend. Mose – von Gott berufen, um sein Volk in die Freiheit zu führen. Mose – Befreier des Volkes Israel aus der Sklaverei in Ägypten. Mose – desillusioniert vom störrischen Gottesvolk, das in der Wüstenwanderung immer wieder Zwischenfälle produziert. Und schliesslich: Mose – ein Prophet nimmt Abschied.

Wir haben es gehört: Mose schliesst sein Leben ab. Ganz bewusst. Wenn wir uns heute mit dem Abschied des Mose beschäftigen, so möchte ich sechs Beobachtungen in den Vordergrund stellen:

1. Mose geht seinen letzten Weg alleine

Wie beginnen *wir* unser Leben? Und wie schliessen *wir* es ab? Der Anfang unseres Lebens ist meist umsorgt von Eltern, Grosseltern, Freunden, Verwandten, die sich um ein Neugeborenes kümmern und seinen Weg ins Leben begleiten. Und das Ende unseres Lebens? Natürlich ist es hilfreich und wohltuend, wenn unsere Lieben uns auch da begleiten. Und doch wissen alle, die beruflich oder privat damit zu tun hatten: einen Menschen begleiten, der sich vom Leben verabschiedet, das ist eine anspruchsvolle und erfüllende Aufgabe. Trotz einer noch so intensiven Begleitung und Fürsorge bleibt die Tatsache bestehen: unsere letzte Reise treten wir alleine an.

Mose, der auf ein reich erfülltes Leben mit Höhen und Tiefen zurückschauen kann, geht auch seinen letzten Weg alleine. Er spürt, dass die Zeit für seinen Abschied gekommen ist. Er macht sich auf den Weg. Er akzeptiert, dass seine Uhr abgelaufen ist. Er hat sein Leben losgelassen. Er hinterlässt eine geordnete Situation mit geregelter Nachfolge.

Mose geht seinen letzten Weg alleine – und doch ist jemand bei ihm. Der lebendige Gott, der ihn auf seinem Weg durchs Leben begleitet hat, der ihm seine Berufung und Aufgabe zugewiesen hat, er ist auch jetzt bei ihm und lässt ihn nicht los. Der Gott, mit dem er sein Leben geteilt hat, der hält ihn auch jetzt im Sterben.

2. Mose darf hineinschauen – aber nicht hineingehen

Man muss sich das einmal ganz plastisch vorstellen: Es fehlt nur noch eine kurze Distanz und Mose wäre *im* gelobten Land drin. Nur wenige Meter trennen ihn vom Ziel der Reise, für die er die letzten vierzig Jahre seines Lebens gelebt hat. Aber da ist eine Grenze, die er nicht überschreiten kann und nicht überschreiten will. Wegen einer alten Geschichte verwehrt ihm Gott das Hineingehen – aber nicht das Hineinschauen.

Auch in unserem Leben setzt uns Gott da und dort schmerzliche Grenzen: ein Wunsch, der unerfüllt bleibt – ein Lebenstraum, der zerbricht – ein Ziel, das wir nicht erreichen. Und dann diese Grenze, die Gott meinem Leben gesetzt hat, annehmen und bejahen – bewusst Ja dazu sagen und das aus Gottes Hand annehmen. Auch im christlichen Leben kennen ja viele von uns diese gelobten Länder, in die wir gerne hineingehen möchten – und vielleicht lässt uns Gott nur hineinschauen. Und dann dazu Ja sagen ...

Ich träume auch solche Träume. Ich träume von einer Kirche in unserem Land mit pulsierendem Leben und einer lebendigen Anziehungskraft. Ich träume von Predigten, die

Menschen bewegen und verändern, weil Gott selber auf sie zukommt. Ich träume von Gottesdiensten, die so vielfältig sind wie die Menschen selbst. Ich träume von einer Kirche, die die brillanten Geister der Zeit bewegt.

Und doch: in meiner Realität sehe und erlebe ich erst Bruchstücke davon. Anfänge, die Appetit auf mehr wecken. Auch im Leben als Christin, als Christ erleben wir es da und dort wie Mose: wir können zwar hineinschauen, aber nicht hineingehen. Dort, wo es mehr ist, ist es eine besondere Gnade!

3. Gott hat ein gutes Erinnerungsvermögen

Die Versprechen von Gott sind nicht leere Worte. Plötzlich taucht in dieser Geschichte vom Tod des Mose die uralte Gottesverheissung an Abraham auf. Gott hat ihm doch damals das Land versprochen. Und obwohl zu diesem Zeitpunkt diese Verheissung weit über halbes Jahrtausend alt ist: Gott steht dazu. Er hat ein gutes Erinnerungsvermögen. Und er hat eine weite Perspektive.

Gott hat die ganze Welt im Blick und die ganze Geschichte. Dagegen ist unser Blick oft sehr eingeschränkt. Wir sehen uns und unsere Lieben. Wir sehen vielleicht unser Dorf, unseren Kanton und unser Land. Wir lesen über Europa und die Globalisierung. Aber Gottes Blick ist viel umfassender. Er sieht durch die Wirren unserer menschlichen Geschichte im Grossen und Kleinen die grossen Linien. Wo immer wir die Bibel aufschlagen und mal einen schönen Teil lesen, stossen wir darauf. Gott sieht die Sache in einem viel grösseren Zusammenhang. Auch mein Leben, unser Leben gehört in seine Geschichte hinein, die er mit seinem Volk und mit seiner Kirche schreibt. Ich bin ein Teil davon.

Und dann auch diese schlichte Wahrheit. Gott ist nicht einer, der leere Versprechen abgibt. Sicher haben sie auch schon wie ich die schmerzliche Erfahrung gemacht, dass das gegebene Wort und das abgegebene Versprechen wenig bis gar nichts zählt. Das lässt uns enttäuscht und frustriert zurück. Bei Gott sieht es da anders aus. Wenn er eine Zusage gibt, dann hält er sie auch ein. Auf dieser Basis können wir Vertrauen fassen zu ihm. Sicher erfüllt er seine Zusagen nicht immer in der Art und Weise, wie wir uns das vorstellen. Das war auch bei Mose nicht so. Aber Gott ist zu seinen Zusagen gestanden und hat sein Wort eingehalten. Dieser Gott ist unser Gott. Weil er vertrauenswürdig ist, darum können und sollen wir unser Vertrauen ihm schenken.

4. Mose und kein Grabmal

Das ist eine eigenartige Sache. Wir sind es gewohnt, dass nach einem Abschied ein Grab an den verstorbenen Mitmenschen erinnert. Mose aber hat kein Grabmal. Im ersten Moment bleibt man etwas ratlos zurück, wenn man diese Geschichte vor sich hat. Weshalb bekommt denn ein so bedeutender Mann nicht mal ein anständiges Grab?

Vermutlich liegt die Antwort näher, als wir im ersten Moment denken. Stellen wir uns einen kurzen Moment lang das Gegenteil vor: Mose hätte ein Grabmal auf diesem Berg bekommen. Was wäre damit passiert? Wahrscheinlich wäre sein Grabmal zu einer nationalen Pilgerstätte geworden. Und wie es auch bei christlichen Persönlichkeiten geschehen kann: plötzlich ist dieser Mensch wichtiger als der lebendige Gott, dem er gedient hat. Insofern ist wahrscheinlich die Tatsache, dass Mose kein bekanntes Grab hat, hilfreich. Die ganze Reliquienwirtschaft kann unterbleiben.

Es geht ja im Leben von Mose nicht um ihn selbst, sondern um den Gott, dem er gedient hat und der ihn als Befreier seines Volkes eingesetzt hat. Im tiefsten Sinne gehört die Ehre für dieses Geschehen Gott selbst– und nicht der sterblichen Hülle von Mose.

5. Mose hinterlässt eine geordnete Situation

Wenn doch nur alle, die sterben, eine geordnete Situation hinterlassen würden! Es gibt Situationen, wo es für die Hinterbliebenen schwierig bis unmöglich ist, eine ungeordnete Situation noch in den Griff zu bekommen. Mose hat vorgesorgt. Weil er von Gott her auf seinen Abschied vorbereitet wurde, hat er schon seit einiger Zeit seinen Nachfolger bereits eingesetzt, der die Leitung des Volkes nahtlos übernehmen wird. Dadurch vermeidet er eine chaotische und schädliche Situation. Josua, der Nachfolger, steht bereit und ist bereits eingeführt.

Wir sehen da auch, dass Mose wirklich losgelassen hat. Wenn wir wirklich loslassen, dann bedeutet das auch, dass wir Verantwortung abgeben. Dass wir nicht dann auch noch überall mittun wollen, wenn es gar nicht mehr dran ist. Damit ich richtig verstanden werde: es ist kein fluchtartiger Rückzug. Mose hat seine Aufgabe erfüllt. Nun legt er sie in andere Hände. Er gibt die Verantwortung weiter. Er zeigt dadurch auch Vertrauen zu Gott, dass letztlich er die Sache mit seinem Volk gut weiterführen wird.

6. Direkte Kommunikation mit Gott

Was zeichnete das Leben von Mose aus? Hier wird etwas ganz stark hervorgehoben. Mose war einer, der direkt mit Gott in Beziehung stand, der ihn von Angesicht zu Angesicht erkannte. Er kommunizierte sehr direkt mit Gott – und es wird einige Zeit nach seinem Tod festgestellt, dass seither keiner aufgetaucht ist, der in dieser direkten Art und Weise mit Gott in Verbindung stand.

Könnte man das auch über unser Leben sagen? Werden unsere Freunde und Verwandten einmal über uns sagen: das Besondere an seinem/ihrem Leben war, dass sie mit Gott in persönlicher Verbindung stand? Und: wird Gott selbst uns diese Qualifikation zusprechen?
Sicher ist diese Direktheit und Unmittelbarkeit zu Gott ein Zeichen des Christseins. Wir dürfen Gott direkt ansprechen. Wir dürfen uns in jeder Lage an ihn wenden. Wir sind eingeladen, unser Leben auf ihn und sein Reich auszurichten. Wir sind durch Jesus Söhne und Töchter Gottes.

Aber von Mose wird hier *noch mehr* gesagt: es geht um eine direkte Gottesbegegnung von Angesicht zu Angesicht! Das ist etwas, um das wir uns nicht so reissen, weil wir zu recht ahnen, dass wir nicht gleich herauskommen, wie wir hineingegangen sind. Mose hat ein Stück Ewigkeit vorwegbekommen. Wir werden wahrscheinlich nicht die Intensität seiner Gottesbeziehung erfahren. Aber wir dürfen– erst recht durch den Zugang zu Gott, den Jesus uns erschlossen hat – in Beziehung zu Gott unser Leben gestalten.

AMEN!

Der schräge Prophet

Es geschah das Wort des HERRN zu Jona, dem Sohn Amittais: Mache dich auf und geh in die große Stadt Ninive und predige wider sie; denn ihre Bosheit ist vor mich gekommen. Aber Jona machte sich auf und wollte vor dem HERRN nach Tarsis fliehen und kam hinab nach Jafo. Und als er ein Schiff fand, das nach Tarsis fahren wollte, gab er Fährgeld und trat hinein, um mit ihnen nach Tarsis zu fahren und dem HERRN aus den Augen zu kommen. Da ließ der HERR einen großen Wind aufs Meer kommen, und es erhob sich ein großes Ungewitter auf dem Meer, dass man meinte, das Schiff würde zerbrechen. Und die Schiffsleute fürchteten sich und schrien, ein jeder zu seinem Gott, und warfen die Ladung, die im Schiff war, ins Meer, dass es leichter würde. Aber Jona war hinunter in das Schiff gestiegen, lag und schlief. Da trat zu ihm der Schiffsherr und sprach zu ihm: Was schläfst du? Steh auf, rufe deinen Gott an! Ob vielleicht dieser Gott an uns gedenken will, dass wir nicht verderben. Und einer sprach zum andern: Kommt, wir wollen losen, dass wir erfahren, um wessentwillen es uns so übel geht. Und als sie losten, traf's Jona. Da sprachen sie zu ihm: Sage uns, warum geht es uns so übel? Was ist dein Gewerbe und wo kommst du her? Aus welchem Lande bist du und von welchem Volk bist du? Er sprach zu ihnen: Ich bin ein Hebräer und fürchte den HERRN, den Gott des Himmels, der das Meer und das Trockene gemacht hat. Da fürchteten sich die Leute sehr und sprachen zu ihm: Warum hast du das getan? Denn sie wussten, dass er vor dem HERRN floh; denn er hatte es ihnen gesagt. Da sprachen sie zu ihm: Was sollen wir denn mit dir tun, dass das Meer stille werde und von uns ablasse? Denn das Meer ging immer ungestümer. Er sprach zu ihnen: Nehmt mich und werft mich ins Meer, so wird das Meer still werden und von euch ablassen. Denn ich weiß, dass um meinetwillen dies große Ungewitter über euch gekommen ist. Doch die Leute ruderten, dass sie wieder ans Land kämen; aber sie konnten nicht, denn das Meer ging immer ungestümer gegen sie an. Da riefen sie zu dem HERRN und sprachen: Ach, HERR, lass uns nicht verderben um des Lebens dieses Mannes willen und rechne uns nicht unschuldiges Blut zu; denn du, HERR, tust, wie dir's gefällt. Und sie nahmen Jona und warfen ihn ins Meer. Da wurde das Meer still und ließ ab von seinem Wüten. Und die Leute fürchteten den HERRN sehr und brachten dem HERRN Opfer dar und taten Gelübde. (Jona 1,1-16)

Liebe Gemeinde,

Das Buch über den Propheten Jona beginnt – wie andere Prophetenbücher im Alten Testament auch – mit einem Paukenschlag. Zunächst sind ja Worte für uns Menschen nichts Aussergewöhnliches. Wir sind vertraut mit einer Fülle von Worten. Täglich ergiesst ein Teil dieser Wortfülle über uns – und manchmal werden wir davon fast erschlagen. Es wird viel geredet und mitgeteilt. Es wird viel erzählt und getratscht. Es wird viel geschrieben und gelesen. In Büchern, die ganze Bibliotheken füllen. In Zeitungen und Zeitschriften, die ständig neu erscheinen müssen.

Hier haben die Worte einen anderen Klang, einen anderen Anspruch, eine andere Qualität: *Es geschah das Wort des Herrn* ... Der Anspruch hier ist, dass es sich nicht um ein Wort menschlichen Ursprungs handelt, sondern um ein Wort, das von Gott kommt und sich ereignet. Dieses göttliche Wort „geschieht". Es kommt als souveräne Äusserung des souveränen Gottes.

Die Bibel gibt uns Anteil daran, dass im Lauf der Geschichte unserer Welt der lebendige Gott ein Wort an ganz bestimmte Menschen richtet. Wir denken an Abraham und Sarah. Wir denken an Isaak und Rebekka. Wir denken an Jakob, an Josef, an Mose. Hier ist es Jona, der von Gott gerufen wird und einen Auftrag erhält. Dieser Auftrag klingt für unsere Ohren zweifellos harmloser, als er wirklich ist. Es ist ein dreifacher Auftrag: 1. *Mache* dich auf ... 2. *Geh* in die grosse Stadt Ninive ... 3. *Predige* gegen sie ...

Dieser göttliche Auftrag stellt das Leben von Jona auf den Kopf, teilt sein Leben in ein vorher und nachher. Weshalb? Jona ist Israelit aus einem Kaff im Norden des Landes. Ninive ist die Metropole und Hauptstadt des assyrischen Reichs, der damaligen Weltmacht Nummer 1, die den Norden von Israel ständig bedrohte. Und die Assyrer waren dafür bekannt, andere Völker hart anzupacken und zu unterdrücken. Was also soll der kleine Israelit aus dem Kaff in der Metropole der Weltmacht ausrichten? Man versteht das Zögern von Jona, sich auf diesen göttlichen Auftrag, dieses göttliche Wort einzulassen.

In dieser Spannung entfaltet sich nun vor uns die Erzählung über Jona, den schrägen Propheten. Weshalb schräg? Ich möchte fünf Gründe dafür anführen:

1. Jona ist ein schräger Prophet, weil er offen gegen Gottes Wort und Auftrag rebelliert und das hier ungeschminkt geschildert wird.

Wenn wir eine Karte vor uns ausrollen und die alttestamentliche Forschung beachten, dann stossen wir auf Folgendes. NINIVE, die grosse Metropole des Assyrerreichs liegt für den Israeliten Jona rund 500 Meilen im OSTEN – in unmittelbarer Nähe der heutigen Stadt Mossul. TARSIS müssen wir im westlichen Mittelmeer entweder in Sardinien oder in Spanien suchen – liegt also rund 2000 Meilen im WESTEN. Jonas Rebellion gegen diesen ungewöhnlichen Auftrag Gottes kommt also dadurch zum Ausdruck, dass er das genaue Gegenteil des göttlichen Wortes tut. Gottes Auftrag liegt 500 Meilen im Osten. Jona flüchtet mit Zielpunkt 2000 Meilen im Westen. Doch: ist das nicht menschlich – allzu menschlich sogar? Haben wir nicht auch schon in kleinen oder grösseren Dingen die Flucht vor Gottes Wegweisung und Auftrag angetreten - das pure Gegenteil von Gottes Willen getan? Wir können dabei an eines der zehn Gebote denken. Wir können aber auch an Situationen denken, wo wir so etwas wie einen Ruf und Anspruch Gottes an unser Leben hörten oder spürten - und ihm dann eben doch nicht gefolgt sind. Dann sind wir in bester Gesellschaft – in Gesellschaft des biblischen Propheten Jona!

2. *Jona ist ein schräger Prophet, weil vor dem lebendigen Gott zu fliehen versucht, obwohl das auf der Basis der biblischen Glaubensinhalte ein unmögliches Unterfangen ist.*

Wenn der lebendige Gott der Schöpfer des ganzen Kosmos ist ... Wenn der lebendige Gott – bildlich gesprochen - die ganze Welt in seiner Hand hält ... Wenn der lebendige Gott nicht an unsere Grenzen von Raum und Zeit gebunden ist ... wie sollte es dann überhaupt möglich sein, vor ihm zu *fliehen* und sich seinem Blick zu *entziehen*? Die alttestamentliche Tradition hat die Unmöglichkeit dieses Unterfangens unübertrefflich in einem der bekanntesten Psalmen zum Ausdruck gebracht:

Wohin soll ich gehen vor deinem Geist, und wohin soll ich fliehen vor deinem Angesicht? Führe ich gen Himmel, so bist du da; bettete ich mich bei den Toten, siehe, so bist du auch da. Nähme ich Flügel der Morgenröte und bliebe am äussersten Meer, so würde auch dort deine Hand mich führen und deine Rechte mich halten. (Psalm 139,7-10)

3. *Jona ist ein schräger Prophet, weil die heidnischen Seeleute genau das tun, was man von einem echten Gottesmann erwarten würde: sie beten.*

Ist Ihnen das auch aufgefallen, wer hier betet? Nein, es ist nicht der israelitische Prophet Jona. Es sind die heidnischen Matrosen. *Multi-kulti* wie heute schreit ein jeder zu seinem Gott. (Vers 5) Nur einer ist nicht mit Stossgebeten beschäftigt: Jona! – Er schläft. Man muss das hier auf sich wirken lassen: der jüdische Gottesmann wird vom heidnischen Kapitän zum Gebet aufgefordert: *Was schläfst du? Steh auf, rufe deinen Gott an!* (Vers 6)

4. *Jona ist ein schräger Prophet, weil er genau dann schläft, als alle hypern und rotieren.*

Ich bin mir nicht sicher, ob man diesen Hinweis positiv oder negativ deuten soll. *Positiv* in dem Sinne, dass er gelassen und ruhig schlafen kann, obwohl um ihn herum die Welt auseinander bricht – als Ausdruck einer letzten Geborgenheit in Gott – trotz allem Schwierigen, Schrägen und Unmöglichen! Oder muss man es ganz anders deuten - *negativ* in dem Sinne, dass Jona einfach jeden normalen Bezug zu den Realitäten verloren hat. Jetzt *muss* doch jeder – auch der gläubigste und frömmste Mensch – in Panik ausbrechen. Doch wahrscheinlich kennen wir diese Schilderungen von Männern und Frauen, die gerade in den schwierigsten Situationen des Lebens eine unaussprechliche Geborgenheit in Gott erfahren haben – wie beispielsweise Dietrich Bonhoeffer, als er zur Hinrichtung geführt wurde … Diese Geborgenheit: Gott ist auch jetzt bei mir, wenn alles andere wegbricht. Kennen wir diese Geborgenheit?

5. *Jona ist ein schräger Prophet, weil er durch seine Rebellion und seinen Ungehorsam eine Glaubensbewegung unter den heidnischen Seeleuten auslöst.*

Das ist eine der grossen Überraschungen dieser Erzählung. Gott kann auf krummen Zeilen gerade schreiben. Die Präsenz von Jona auf diesem Schiff, die ja nur seiner Rebellion zu verdanken ist, löst eine Glaubensbewegung unter den Matrosen aus. Ihr Respekt gilt nun diesem lebendigen Gott, den Jona ihnen in schlichten Worten bezeugt hat. Sie wenden sich ihm zu, so gut sie das können mit Opfern und Gelübden. Ob das von Dauer war, wissen wir nicht. Fazit: Gott begleitet Jona auch auf seinem Weg der Rebellion und lässt sogar daraus Gutes und Segensreiches entstehen. Wenn das beim Propheten Jona so war - kann dann Gott nicht auch auf den krummen Zeilen meines Lebens, meiner Rebellion und meines Versagens gerade schreiben?

AMEN!

Reden mit Gott am Tiefpunkt

Aber der HERR ließ einen großen Fisch kommen, Jona zu verschlingen. Und Jona war im Leibe des Fisches drei Tage und drei Nächte. Und Jona betete zu dem HERRN, seinem Gott, im Leibe des Fisches und sprach: Ich rief zu dem HERRN in meiner Angst, und er antwortete mir. Ich schrie aus dem Rachen des Todes, und du hörtest meine Stimme. Du warfst mich in die Tiefe, mitten ins Meer, daß die Fluten mich umgaben. Alle deine Wogen und Wellen gingen über mich, daß ich dachte, ich wäre von deinen Augen verstoßen, ich würde deinen heiligen Tempel nicht mehr sehen. Wasser umgaben mich und gingen mir ans Leben, die Tiefe umringte mich, Schilf bedeckte mein Haupt. Ich sank hinunter zu der Berge Gründen, der Erde Riegel schlossen sich hinter mir ewiglich. Aber du hast mein Leben aus dem Verderben geführt, HERR, mein Gott! Als meine Seele in mir verzagte, gedachte ich an den HERRN, und mein Gebet kam zu dir in deinen heiligen Tempel. Die sich halten an das Nichtige, verlassen ihre Gnade. Ich aber will mit Dank dir Opfer bringen. Meine Gelübde will ich erfüllen dem HERRN, der mir geholfen hat. Und der HERR sprach zu dem Fisch, und der spie Jona aus ans Land. (Jona 2,1-11)

Liebe Gemeinde,

Keine Zeit? So schnell kann sich das ändern. Noch vor kurzem hatte er keine Zeit – keine Zeit zum Beten - unser Prophet Jona auf dem Handelsschiff nach Tarsis am damaligen westlichen Ende der Welt. Jona - auf der Flucht vor Gott und seinem Auftrag, in die bekannte und berüchtigte Metropole Ninive zu gehen. Seine Flucht führte genau in die entgegengesetzte Richtung. Auf dieser Fahrt kommt ein gewaltiger Sturm auf, vielleicht ein Orkan sogar. Während bei allen Seeleuten die religiöse Ader voll zum Tragen kommt und sie Multi-kulti durcheinander schreien und beten - „ein jeder zu seinem Gott" – liegt Jona zur gleichen Zeit in seiner Kajüte und schläft. Der fromme Gottesmann an Bord muss vom Kapitän eigens zum Beten aufgefordert werden – verkehrte Welt! --- Doch schon kurze Zeit später sieht es ganz anders aus. Jetzt hat Jona viel Zeit zum Beten – sehr viel Zeit sogar. Drei Tage und drei Nächte – ein verlängertes Wochenende lang einfach Zeit zum Beten. So schnell kann sich das ändern …

Hast *Du* Zeit zum Beten? Habe *ich* Zeit zum Beten? Haben *wir* Zeit zum Beten? Bereits 1957 schrieb Rudolf Bohren in seiner Auslegung des Unser Vater Gebets mit spitzer Feder die folgenden kritischen Sätze über die westliche Welt: *Nur das Eine hat der Westen nicht: die Stille und die Ruhe. Die Stille für die Bibel, die Stille für das Gebet.* Ich bezweifle, ob es 2007 – fünfzig Jahre später – besser aussieht in dieser Hinsicht … Wir haben kaum Zeit zum Beten. Vielleicht müssen wir ehrlicher sagen: Wir *nehmen* uns kaum Zeit zum Beten! Bei Jona brauchte es einen grossen Fisch, der ihn verschlang, bis er Zeit zum Beten fand. *Was braucht es im Zeitalter von Natels, Emails, Medien und Ablenkungen aller Art bei uns, dass wir innehalten und beten?*

Wir lesen von einem grossen Fisch. Fisch ist hier sicher kein Begriff im heutigen biologischen Sinn. Einige übersetzen Seemonster. Ich vermute, dass wir uns am ehesten einen grossen Wal denken können – auch wenn ich mir bewusst bin, dass gerade die Wale in heutiger biologischer Begrifflichkeit eben keine Fische ist. Aber diese Geschichte ist ja weit mehr als 2000 Jahre alt und die Ursprungssprache ist hebräisch ...

Punktuell sind Erzählungen von Seeleuten aufgetaucht, die an die Jonageschichte erinnern. Am bekanntesten ist die weit verbreitete Geschichte des englischen Seemanns James Bartley. Laut zeitgenössischen Berichten war der 35jährige Bartley im Februar 1891 (die Daten variieren!) mit dem Walfänger „Star of the East“ (den gab es tatsächlich!) auf Walfang im Südatlantik nahe den Falklandinseln, als eines der kleinen Boote kenterte und zwei Seemänner danach vermisst wurden. Als später der erlegte Pottwal auf dem Walfänger bearbeitet wurde – so geht die Geschichte weiter – fand man Bartley bewusstlos im Magen des Wals. Innerhalb von drei Wochen erholte er sich und konnte wieder arbeiten, hatte aber lebenslänglich eine auffällig veränderte Haut von den Magensäften des Wals. Diese reizvolle Geschichte konnte durch eine eingehende Recherche von Professor Edward Davis (1991 publiziert) nicht bestätigt werden. Sie muss wahrscheinlich zur Gattung Seemannsgarn gerechnet werden. Doch zurück zu Jona.

Wie betet Jona? Und was betet Jona?

Als *erstes* beschreibt Jona sein Beten mit zwei Verben, die uns aufhorchen lassen: rufen und schreien! Übrigens steht er damit in der Bibel sowohl im Alten als auch im Neuen Testament nicht allein. Getrauen wir uns, so zu beten? So laut? So auffällig? So ungefiltert? So wild? Beten heisst ja nicht, dass ich plötzlich ganz brav, ganz emotionslos, ganz unmoduliert in der Stimmlage rede. Vielleicht sind es am ehesten Stossgebete, wenn wir *so* beten. Weshalb aber nur dann? Trauen wir Gott nicht zu, dass er unsere Emotionen erträgt?

Als *zweites* schildert Jona etwas Tröstliches. Gott *antwortet* auf sein Rufen. Gott *hört* auf sein Schreien. Gott *reagiert*. Er lässt sich auf sein Rufen und Schreien ein. Hier leuchtet auf, dass wir es mit einem Du zu tun haben, wenn wir zum Schöpfer von Himmel und Erde reden, rufen und schreien. Und dieses Du ist ein wirkliches, lebendiges Gegenüber. Kennst Du dieses Du?

Als *drittes* schildert Jona in seinem Gebet seinen „Untergang". Wir sehen es fast bildlich vor uns. Jona geht buchstäblich in die Tiefe, ins Meer, in die Fluten hinein. Wogen und Wellen schlagen über ihm zusammen. Seine Beschreibung ist anschaulich. Er geht unter. Er sinkt ins Bodenlose. Er ertrinkt in den Fluten. Eine schreckliche Erfahrung. Ich selber hatte in einem Basler Schwimmbad im Alter von 13 Jahren eine solche Erfahrung, wo ich ein paar Sekunden damit rechnete, dass ich nie mehr auftauchen würde. Das vergisst man nicht so schnell!

Als *viertes* schildert Jona, was in seinem *Innern* abging, als er da in die Untiefe sank. Er dachte: Jetzt hat mich Gott verstossen. Jetzt sieht er mich nicht mehr. Jetzt bin ich unerreichbar weit weg von ihm. Es ist diese Art von Einsamkeit und Verlassenheit, die Jesus am Kreuz erlebte, als er schrie: *Mein Gott, mein Gott, warum hast Du mich verlassen*. (Psalm 22,2; Matthäus 27,46)

Als *fünftes* deutet Jona in diesem Gebet die Rettung an, die er erlebte, als alles verloren schien: *Aber du hast mein Leben aus dem Verderben geführt, HERR, mein Gott.* Das ist die Wende, die einzig mit Gott und seinem Erbarmen zu tun hat. Gott hat da eingegriffen, wo der Mensch am Anschlag ist – am Ende seiner Möglichkeiten.

Können wir so beten?

Die vielen Gebete in der Bibel bis hin zum Unser-Vater-Gebet sind eine Aufforderung und ermutigen uns, selber zu beten. Hier ist es ein Gebet aus der Tiefe. Kennst Du solche Tiefen? Tiefen der Verzweiflung. Tiefen der Ausweglosigkeit. Tiefen von Unfällen und Schicksalsschlägen. Tiefen von Sackgassen, wo es einfach nicht mehr weitergeht. Tiefen des Scheiterns. Tiefen von körperlichen und seelischen Schmerzen.

Diese Tiefen des Lebens, die uns nicht gefallen, sind eine Chance. Eine Chance, dass wir uns Gott zuwenden. Eine Chance, dass wir jetzt in dieser Tiefe dem Beten Raum geben. Uns an Gott wenden. Zu Gott rufen. Oder eben: Schreien zu Gott. Das Gebet von Jona ist überhaupt nicht originell. Alles, was er hier betet, ist altbekannt, kommt aus dem Gebetsbuch Israels, aus den Psalmen. Mit anderen Worten: jetzt, wo die eigenen Worte versagen und das Beten schwer fällt, helfen ihm *diese alten Worte*, die andere vor ihm gebetet haben. Das ist ein Schatz, auf den er zurückgreifen kann. Er kann einsteigen und einstimmen in diese Gebete. Tauche ein in Sprache und Bilder von betenden Menschen der Bibel und der Kirchengeschichte. Dann hast Du auch dann Worte zum Beten, wenn Du von Dir aus sprachlos bist.

Wieder zurück auf Feld 1

Und der HERR sprach zu dem Fisch, und der spie Jona aus ans Land. Jona ist wieder dort, wo er schon einmal war – an Land. Das Geld ist futsch. Sein Plan mit der Flucht nach Tarsis ist gescheitert. Er ist wieder da – der Deserteur Gottes – der Prophet Gottes. Er ist wieder zurück auf Feld 1.

Fight or Flight! Kämpfen oder Flüchten! Viele kennen das eine oder das andere Verhaltensmuster – oder sogar beide. Jona hatte sich für Flucht entschieden – für die Flucht vor Gott und seinem Auftrag. Doch: ist es überhaupt möglich, *vor Gott* zu fliehen. Wenn Gott die ganze Welt in seiner Hand hält, wie wir in einem bekannten Gospel singen, wie sollte es dann möglich sein, vor ihm zu fliehen?

Schweigen. Schlafen. Unter Druck einen Teil der Wahrheit sagen. Sterben wollen. Und dann in äusserster Gefahr rufen zu Gott. Schreien zu Gott. Zu dem Gott, von dem man nichts wissen wollte. Vor dem man auf der Flucht ist. So läuft es bei Jona! Ist das nicht auch ein gängiges Muster von uns Menschen im 21. Jahrhundert?

Und doch: haben wir nicht auch *Verständnis* für diese Flucht von Jona? Sind wir nicht auch schon davongerannt – vor einer Aufgabe – vor einer gebotenen Tat – vor einer Herausforderung, der wir uns nicht gewachsen fühlten – vielleicht sogar vor dem lebendigen Gott? Unsere Geschichte zeigt: es geht nicht! Du schaffst es nicht! Dort, wo Du hin rennst oder hin fliehst, ist Gott immer bereits schon da. Wie es Psalm 139 unübertrefflich sagt:

Wohin soll ich gehen vor deinem Geist, und wohin soll ich fliehen vor deinem Angesicht? Führe ich gen Himmel, so bist du da; bettete ich mich bei den Toten, siehe, so bist du auch da. Nähme ich Flügel der Morgenröte und bliebe am äußersten Meer, so würde auch dort deine Hand mich führen und deine Rechte mich halten. (Ps 139,8-10)

Ist Jona wirklich umgekehrt?

Ja, das würde mich wirklich interessieren! Doch im ganzen Buch Jona bis zum Schluss bleibt unbeantwortet, ob Jona wirklich umgekehrt ist. Wir lesen zwar, dass die Seeleute nach der Entledigung von Jona eine Hinwendung zu Gott erfahren. Und wir lesen auch, dass die Menschen von Ninive sich ebenfalls Gott zuwenden und umkehren. Aber – so verrückt es klingt – beim Propheten, beim Gottesmann, bei Jona sind wir unsicher bis zum letzten Satz – und wir wissen nicht mit Sicherheit: Ist Jona wirklich umgekehrt? Hat er sich dem gnädigen

Gott in die Arme geworfen? Hat er Gottes Barmherzigkeit für sich und für andere Menschen zu Herzen genommen?

Ich finde diese Geschichte von Jona faszinierend, weil Gott, der HERR, unglaublich viel tut, um diesen einen Menschen Jona zur Umkehr zu führen. Eine Auslegerin hat das so auf den Punkt gebracht – und damit schliesse ich: „Ein Auftrag, den jeder andere besser erfüllt hätte, ein Sturm, eine Sturmstillung, eine wundersame Rettung per Fisch, eine zweite Chance, den Auftrag zu erfüllen, eine wundersame Massenbekehrung von Unterdrückern, ein rekordverdächtiger Rizinusstrauch, ein supergiftiger Wurm, heisser Wind aus östlicher Richtung – *all das inszeniert Gott, damit Jona endlich umkehrt. Welche ein Aufwand für den einen widerspenstigen Einzelfall!*" Was für ein liebender Gott! Was für ein bockiger Prophet!

AMEN!

Metropole kehrt um

Und es geschah das Wort des HERRN zum zweitenmal zu Jona: Mach dich auf, geh in die große Stadt Ninive und predige ihr, was ich dir sage! Da machte sich Jona auf und ging hin nach Ninive, wie der HERR gesagt hatte. Ninive aber war eine große Stadt vor Gott, drei Tagereisen groß. Und als Jona anfing, in die Stadt hineinzugehen, und eine Tagereise weit gekommen war, predigte er und sprach: Es sind noch vierzig Tage, so wird Ninive untergehen. Da glaubten die Leute von Ninive an Gott und ließen ein Fasten ausrufen und zogen alle, groß und klein, den Sack zur Buße an. Und als das vor den König von Ninive kam, stand er auf von seinem Thron und legte seinen Purpur ab und hüllte sich in den Sack und setzte sich in die Asche und ließ ausrufen und sagen in Ninive als Befehl des Königs und seiner Gewaltigen: Es sollen weder Mensch noch Vieh, weder Rinder noch Schafe Nahrung zu sich nehmen, und man soll sie nicht weiden noch Wasser trinken lassen; und sie sollen sich in den Sack hüllen, Menschen und Vieh, und zu Gott rufen mit Macht. Und ein jeder bekehre sich von seinem bösen Wege und vom Frevel seiner Hände! Wer weiß? Vielleicht läßt Gott es sich gereuen und wendet sich ab von seinem grimmigen Zorn, daß wir nicht verderben. Als aber Gott ihr Tun sah, wie sie sich bekehrten von ihrem bösen Wege, reute ihn das Übel, das er ihnen angekündigt hatte, und tat's nicht. (Jona 3,1-10)

Liebe Gemeinde,

heute feiern wir den Eidgenössischen Dank-, Buss- und Bettag. Er geht zurück auf die Praxis des Judentums – und damit auf das Alte Testament wie beispielsweise auf den Bericht im Buch des Propheten Jona über die Busse der Menschen von Ninive. In Notzeiten des Spätmittelalters tauchen Buss- und Dankfeiern als Gegenstand eidgenössischer Tagsatzungen auf. Während der Zürcher Reformator Zwingli Bussfeiern strikt ablehnte, führte sie der Strassburger Reformator Martin Bucer 1532 wieder ein angesichts der konkreten Bedrohung in den Türkenkriegen – dies gilt als der erste evangelische Buss- und Bettag. In schweren Zeiten wie Pest, Erdbeben oder Teuerung legten Obrigkeiten reformierter Orte wöchentliche oder monatliche (!) Buss- und Bettage fest. Aus Dankbarkeit über die bisherige Bewahrung im dreissigjährigen Krieg beschlossen die reformierten Kantone 1639 die Einführung eines alljährlichen Bettages, 1643 zogen die katholischen Kantone nach. Angesichts der Ereignisse im Anschluss an die französische Revolution beschloss die Tagsatzung 1796, einen allgemeinen eidgenössischen Bettag durchzuführen. Seit dieser Zeit wurden die Bettage in den reformierten Kirchen der Schweiz mit der Feier des Abendmahl verbunden, um die grosse Abendmahlslücke zwischen Pfingsten und Weihnachten zu schliessen. 1832 wurde als Datum für den Dank-, Buss- und Bettag der dritte Sonntag im September festgelegt. An diesem Sonntag feiern wir ihn bis heute.

Der Sinn dieses Tages liegt in der Umkehr, der Hinwendung des Einzelnen und der Gemeinschaft zum lebendigen Gott. Diese Umkehr umfasst das Eingeständnis von persönlicher und gemeinsamer Schuld und die Kritik von gesellschaftlichen Missständen und Sünden der Gegenwart. Heute wird dies – sofern dem Bettag noch Bedeutung zugemessen wird – oft auf Selbstbesinnung und Innehalten reduziert. In einem lesenswerten Interview aus dem Jahr 2005 macht der damalige Bundespräsident Samuel Schmid die überraschende Aussage: „Eigentlich haben wir ja 52 Sonntage im Jahr. Sind das nicht 52 Bettage?"

Wenden wir uns nun dieser Geschichte aus dem Propheten Jona zu, die uns unter anderem schildert, wie die Menschen in Ninive zum lebendigen Gott umkehrten. Wir schauen vier Aspekte näher an:

1. Die zweite Chance von Jona

Das Buch über den Propheten Jona ist ein angenehm kurzes Buch im Alten Testament. In meiner Bibelausgabe umfasst es nur zwei Druckseiten. Es ist eine Geschichte, die flott erzählt wird. Man ist schnell durch. Jona erhält hier zum zweiten Mal seinen Ruf. Bereits ganz am Anfang des Buches hat er diesen göttlichen Auftrag bekommen. Doch damals ging er nicht nach Ninive, sondern *genau in die andere Richtung* und schiffte ein nach Tarsis. Über Umwege wird er von Gott wieder an den Ausgangspunkt gebracht. Und dann erhält er zum zweiten Mal den Auftrag.

Ich finde das gewaltig und sehr tröstlich. Für Jona ist es jetzt nicht einfach vorbei, weil er einmal versagt hat. Jona darf von vorne beginnen. Jona darf umkehren. *Reset* heisst das bei den Computern. Gott gibt ihm eine zweite Chance. Der Gott der Bibel, der Schöpfer von Himmel und Erde, der Gott, der am Kreuz und in der Auferstehung von Jesus Christus seine Liebe enthüllt hat – er ist ein Gott der zweiten Chance. Für Jona und Petrus, für Dich und für mich, für alle Menschen. Bei ihm ist es nicht vorbei, wenn Du versagt hast. Bei ihm dürfen wir neu anfangen. Jona erfährt das persönlich und handfest!

2. Der gleiche Auftrag für Jona

Der zweite Aspekt ist schon etwas ernüchternder. Jona hatte ja seine Gründe, weshalb er nicht nach Ninive (im heutigen Irak etwa 150 Meilen von Bagdad) gehen wollte. Ninive war eine gewaltige Metropole mit 120'000 Einwohnern - Zentrum des Assyrerreichs, das für seinen erbarmungslosen Umgang mit eroberten Völkern bekannt war. Der Prophet Nahum redet von Betrug, Zauberei und Räuberei in dieser Stadt. Historiker sagen uns, dass Assyrien mit einer

Hauptstadt Ninive eine der brutalsten Kriegsnationen überhaupt war. Ausgerechnet in diese Metropole soll der Prophet Jona aus dem ländlichen Israel gehen.

Ja, es ist ernüchternd. *Jona erhält den genau gleichen Auftrag.* Am Auftrag hat sich nichts geändert. Aufmachen – hingehen nach Ninive – predigen. Wir müssen uns das vor Augen halten. Ninive war damals der Inbegriff für Verruchtheit, Unrecht, Unterdrückung, Ausbeutung, Verantwortungslosigkeit und Machtmissbrauch. Ninive stand sogar noch für all das, als die Stadt bereits untergegangen war. Die Gottlosigkeit von Ninive war sprichwörtlich … Dorthin soll Jona als Prophet gehen. Dort soll er predigen. Wer von uns würde sich um diesen Job reissen???

3. Der Gehorsam von Jona

Doch dieses Mal ist Jona gehorsam! Aufmachen – hingehen – predigen. Er tut es. Doch wenn wir genau hinsehen, sind wir überrascht, *wie* Jona diesen Auftrag erfüllt. Wir lesen über die Grösse von Ninive. Es braucht *drei* Tage, um die Stadt zu durchqueren. Doch Jona beginnt bereits mit seiner Predigt, nachdem er erst *eine* Tagesreise weit in die Stadt hineingekommen war … Wollte er nicht weitergehen? Wollte er nicht die ganze Stadt sehen? Weshalb diese Eile? Hat er schon so viel Deprimierendes gesehen an diesem einen Tag, dass es bereits genug war für ihn und er nicht weiter konnte?

Und dann diese Predigt! Kurzpredigt wäre übertrieben! „Es sind noch vierzig Tage, so wird Ninive untergehen." Salopp: noch 40 Tage – und ihr seid erledigt! Das ist seine Kürzestpredigt! Was hören wir hier über Gott? Nichts! Welche Anweisung zum Handeln gibt Jona? Keine! Im Grundtext sind es genau fünf Wörter. Ist das eine Predigt??? Jona soll das Strafgericht androhen. Das tut er auch – mehr nicht. Diese Predigt ist „unbeteiligt, unpersönlich, mundfaul, ohne Ausblick auf Hoffnung" – so fasst es ein Ausleger zusammen. „Kurz, trocken, herz- und lieblos" schreibt ein anderer. – Einzig die vierzig Tage könnten eine Möglichkeit andeuten, dass vielleicht noch Raum zur Umkehr ist. Vierzig Tage sind in der Bibel öfter ein Zeitraum zur Besinnung und zur Hinwendung zu Gott.

Eine oberschwache Predigt - und doch braucht sie der lebendige Gott, um eine gewaltige Bewegung der Umkehr und Hinwendung auszulösen. Eine gute Nachricht für uns alle: Gott kann aus unseren schwachen Versuchen etwas machen, das einfährt und wirkt. Gott kann aus dem Wenigen und Schwachen viel mehr machen, als wir uns das vorstellen können. Viel mehr! Gott erreicht dennoch die Herzen.

4. Der überraschte und enttäuschte Jona

Jona ist *doppelt* enttäuscht. Er ist *erstens* enttäuscht über diese Menschen in Ninive. Weshalb? Ja eben weil sie nun tatsächlich umkehren und sich in Ninive eine breite Bewegung hin zu Gott entwickelt, die er überhaupt nicht für möglich gehalten hat. Und wie sie umkehren! Ihre Umkehr ist ernsthaft – sie bleibt nicht an der Oberfläche. Ihre Umkehr ist persönlich. Ihre Umkehr ist sichtbar – Sack und Asche. Ihre Umkehr ist radikal – wurzeltief. Kennen wir das auch? Wir halten gewisse Menschen für hoffnungslose Fälle, wenn es um Gott und Glauben und Kirche und Umkehr geht. Und dann tauchen die plötzlich auf, kaufen sich irgendwo eine Bibel, beginnen darin zu lesen, wünschen persönliches Gebet und Segenszuspruch, besuchen Glaubensgrundkurse ... Wie verwirrend, wenn wir sie bereits als gleichgültig, uninteressiert und verloren abgeschrieben haben. Wenn wir die Augen aufmachen – genau solches geschieht auch hier mitten unter uns! Und – ja – Jona ist *zweitens* enttäuscht von Gott. Enttäuscht, weil Gott diese Drohung *nicht durchzieht* und die Stadt Ninive nicht topfeben macht, obwohl er das doch angekündigt hatte. Jona ist enttäuscht über Gottes Barmherzigkeit. Der Prophet blamiert sich – macht sich lächerlich, *weil Gott barmherzig ist!*

Der lebendige Gott, mit dem wir es zu tun haben, ist im tiefsten Grund ein barmherziger Gott. Ein Gott der zweiten Chance – wie Jona eigentlich wissen müsste. Ein Gott des Neuanfangs nach unserem Versagen und Scheitern. *„Meinst Du , dass ich Gefallen habe am Tode des Gottlosen, spricht der Herr, und nicht vielmehr daran, dass er sich bekehrt von seinen Wegen und am Leben bleibt?"* (Hesekiel 18,23) Gott will nicht unser Verderben, sondern unsere Umkehr. Gott will nicht unsere Zerstörung, sondern unser Leben. Gott will, dass wir uns von Herzen ihm, der Quelle des Lebens, zuwenden. Dazu lädt uns der heutige Tag ein.

AMEN!

Sauer auf Gott

Das aber verdroß Jona sehr, und er ward zornig und betete zum HERRN und sprach: Ach, HERR, das ist's ja, was ich dachte, als ich noch in meinem Lande war, weshalb ich auch eilends nach Tarsis fliehen wollte; denn ich wußte, daß du gnädig, barmherzig, langmütig und von großer Güte bist und läßt dich des Übels gereuen. So nimm nun, HERR, meine Seele von mir; denn ich möchte lieber tot sein als leben. Aber der HERR sprach: Meinst du, daß du mit Recht zürnst? Und Jona ging zur Stadt hinaus und ließ sich östlich der Stadt nieder und machte sich dort eine Hütte; darunter setzte er sich in den Schatten, bis er sähe, was der Stadt widerfahren würde. Gott der HERR aber ließ eine Staude wachsen; die wuchs über Jona, daß sie Schatten gäbe seinem Haupt und ihm hülfe von seinem Unmut. Und Jona freute sich sehr über die Staude. Aber am Morgen, als die Morgenröte anbrach, ließ Gott einen Wurm kommen; der stach die Staude, daß sie verdorrte. Als aber die Sonne aufgegangen war, ließ Gott einen heißen Ostwind kommen, und die Sonne stach Jona auf den Kopf, daß er matt wurde. Da wünschte er sich den Tod und sprach: Ich möchte lieber tot sein als leben. Da sprach Gott zu Jona: Meinst du, daß du mit Recht zürnst um der Staude willen? Und er sprach: Mit Recht zürne ich bis an den Tod. Und der HERR sprach: Dich jammert die Staude, um die du dich nicht gemüht hast, hast sie auch nicht aufgezogen, die in einer Nacht ward und in einer Nacht verdarb, und mich sollte nicht jammern Ninive, eine so große Stadt, in der mehr als hundertundzwanzigtausend Menschen sind, die nicht wissen, was rechts oder links ist, dazu auch viele Tiere? (Jona 4,1-11)

Liebe Gemeinde,

waren Sie – warst Du auch schon sauer auf Menschen? Oder sogar sauer auf Gott? Wir haben von Jona gehört. Er ist zünftig sauer – sauer auf die Menschen von Ninive. Sauer auf Gott.

Sauer auf *Gott*? Es gibt tausend denkbare Gründe, weshalb Menschen sauer auf Gott sind. Jona ist sauer auf Gott. Man muss sich das einmal vorstellen! Jona - eine der bekanntesten Figuren der Bibel, ein Mann Gottes, einer, der Gottes Botschaft in die damalige Weltmetropole Ninive hineingetragen hat – Jona ist sauer auf Gott. Die Bibel berichtet uns das unverblümt! Sie hat es nicht nötig, etwas zu vertuschen. Sie hat es nicht nötig, die Helden des Glaubens zu Übermenschen zu machen. Sie sagt uns ungeschminkt, dass sogar Männer und Frauen Gottes ihren Frust im Leben und mit Gott haben können. Sogar ein Prophet darf sauer sein auf Gott.

Das zeigt uns eindrücklich: selbst wenn ein Mensch mit Gott lebt, auf ihn hört, seinem Wort vertraut und seine Weisung befolgt, gibt es keine Garantie, dass dann alles stromlinienförmig abläuft. Im Gegenteil - wir lernen von den Männern und Frauen der Bibel: wer sich auf Gott einlässt, muss manchmal mit deftigen Überraschungen rechnen, die gar nicht den eigenen Vorstellungen, Wünschen und Träumen entsprechen. So hat es Jona erlebt. So kann es auch uns passieren! Gottes Pläne mit dieser Welt sind grösser als all die Dinge, die in unserem persönlichen Wunschbüchlein stehen.

Jona ist sauer auf Gott, weil Gott anders tut als er es will. Gott hat ihn in die Grossstadt Ninive geschickt hat. Das war für den Propheten Jona aus einem Landkaff im Norden Israels schon happig genug. Und es kostete ihn viel Überwindung, überhaupt dorthin zu gehen. Zudem sollte er den Leuten dort ausrichten, dass Gott nun definitiv die Nase gestrichen voll hatte von dem, was in Ninive abging und was die Leute von Ninive in der damaligen Welt anrichteten. Ninive war keine brave, harmlose Stadt, sondern das Zentrum der damaligen Weltmacht Assyrien. Und die Assyrer waren bekannt und gefürchtet dafür, dass sie mit *eiserner* Hand eroberten und plünderten, mit *eisernem* Besen wegräumten, was ihnen nicht passte, und die eroberten Gebiete mit *eiserner* Faust regierten und unterdrückten.

Doch Gott hat jetzt genug von diesem Treiben – und Jona soll das nun den Menschen in Ninive ausrichten, dass Gottes Gericht über sie kommen wird. Wir verstehen, dass Jona gar nicht begeistert ist von diesem Auftrag – er versucht zu fliehen, über das Meer in Richtung Westen, in Richtung Tarsis! Doch seine Flucht scheitert, weil es uns Menschen unmöglich ist, dem lebendigen Gott aus dem Blickfeld zu gelangen. Nach dem Umweg über eine stürmische Schifffahrt ohne Happy End – und der Bekanntschaft mit den tiefsten Tiefen ist Jona bereit, nach Ninive zu gehen und den Menschen dort das Gericht Gottes anzukündigen. Doch dann geschieht etwas, das so nicht zu erwarten war.

Die Menschen von Ninive nehmen die Botschaft des Fremden Jona ernst, sie hören auf ihn, sie gehen in sich – und sie kehren tatsächlich um zu Gott. Das Leben in der Metropole steht plötzlich still – an sich ein Wunder, wenn wir an moderne Metropolen wie London, New York, Singapur oder Shanghai denken. Sowohl die Leute auf der Strasse als auch die Leute, die politisch das Sagen hatten, hören auf Jona und suchten den lebendigen Gott. Eine unerwartete Wendung der Dinge.

Um Jona besser zu verstehen, müssen wir folgendes bedenken. Israel wurde von den Assyrern bedrängt und unterdrückt. Jona war Israelit – und für die Israeliten waren die Assyrer und damit auch die Menschen von Ninive Feinde, eine konkrete, reale Bedrohung. Kein Israelit wäre unglücklich gewesen über den Untergang von Ninive!

Nun hatte ja Jona den Untergang von Ninive *im Auftrag von Gott* verkündet, aber die Männer und Frauen dort waren plötzlich bereit, auf Gott zu hören, ihr Tun zu überdenken und ihr Verhalten zu ändern. Wäre es nun fair von Gott, den Untergang trotz dieser Bereitschaft, trotz dieser Umkehr, trotz diesem In-sich-gehen der Menschen von Ninive *einfach durchzuziehen*?

„Barmherzig und gnädig ist der HERR, geduldig und von grosser Güte." So lesen wir in Psalm 103,8. So begegnet er den Menschen von Ninive, die zu ihm umkehren. So begegnet der lebendige Gott dem Psalmdichter. So begegnet er uns auf unserem Weg. Es geht Gott ans Herz, wenn Menschen in sich gehen und auf ihn hören, sich ihm zuwenden und umkehren. Gott lehnt sich weit zum Fenster hinaus mit seiner Gnade und Barmherzigkeit!

Doch nun ist eben Jona sauer: „Das missfiel Jona ganz und gar und er wurde zornig." Jona ist sauer, weil Gott barmherzig mit diesen Menschen umgeht, weil Gott in seiner grossen Güte und Geduld die Stadt verschont, weil Gott gnädig ist. Das bedeutet: Gott ist gnädiger und barmherziger als sein Prophet Jona! Verrückt!

Drei Aspekte sollten wir aus dieser Geschichte mitnehmen und darüber nachdenken – und damit schliesse ich:

1. *Wer mit Gott lebt, wird kein Übermensch!* Schau auf Jona. Er kann verdriesslich sein und zornig werden. Er macht Gott Vorwürfe und ist sauer auf ihn. Er hat hier sogar total den Verleider drauf und möchte am liebsten den Löffel abgeben. Er freut sich über den Schatten einer Staude und ist sauer, als der Schatten wieder weg ist. Wer mit Gott lebt, wird kein Übermensch! Auch die Männer und Frauen der Bibel sind aus dem gleichen Holz geschnitzt wie Du und ich. Tröstlich!

2. *Gott ist ein Gott, der ganze Städte und Völker und auch jeden einzelnen Menschen sieht und liebt.* Der Weg ganzer Völker und Städte berührt Gottes Herz. Und immer wieder geht Gott mit uns Menschen als Einzelne auch ganz persönlich, sorgfältig und anschaulich um. Ich finde, dass Gott hier sehr feinfühlig und liebevoll mit Jona umgeht. Da ist diese Staude, mit der Gott dem Jona anschaulich macht, dass ihm das Schicksal von Ninive mit den vielen Kleinen und Kleinsten nicht egal ist.

3. *Wie reagieren wir auf Gottes Barmherzigkeit mit uns und anderen Menschen?* Wie reagiert Jona? Wir wissen am Schluss nicht, ob er eingelenkt hat. Wir wissen nicht, ob es ein Happy End gibt. Das ist einer der erstaunlichen Aspekte dieser Jona-Geschichte. Wir bleiben am Schluss mit der Frage zurück: Hat Jona jetzt eingelenkt – oder nicht? Hat er Gottes Entscheidung akzeptiert – oder nicht? Hat Gottes Barmherzigkeit sein

Herz erreicht – oder nicht? Wenn nicht, dann war es einfacher, eine ganze berüchtigte Metropole und ein Schiff voll hartgesottener Matrosen zu bekehren als einen widerspenstigen Menschen namens Jona aus dem Volk Gottes. Doch wie gesagt: wir wissen es nicht …

AMEN!

Nachwort von Darius Ramstein

Liebe Leserinnen und Leser,

ich freue mich sehr, mit dem Schreiben des Nachwortes für Papi's Buch *Zwischenfälle* betraut worden zu sein. Die vielfältig daherkommenden Predigten mit zahlreichen Anekdoten, Beispielen und Informationen aus Geschichte und Alltagsleben mit erstaunlich vielen Parallelen zu unseren eigenen Leben (und den darauffolgenden "aha" Momenten) sind bei weitem kein Zufall. Eine von Papi's grössten Leidenschaften ist das Lesen! Wenn man morgens kurz vor sieben Uhr verschlafen zum Küchentisch stolpert ist er schon auf dem Sofa, vertieft in seine Bücher, mit Leuchtstift und Notizmaterial bewaffnet. Abends zeigt sich häufig ein ähnliches Bild bei einem Blick ins Wohnzimmer.

Aber jetzt zurück zum eigentlichen Inhalt dieses Buchs. Persönlich mag ich speziell die Detailliebe und die neuen Ansichten, die durch die Predigten vermittelt werden. Passagen, Details und Wörter, die wir leider des Öfteren bei unserer Bibellektüre schlichtweg überlesen, nimmt Papi genauer unter die Lupe und gibt uns seine Einsichten und Erkenntnisse durch lustige und einleuchtende Vergleiche mit unseren Leben im 21. Jahrhundert weiter. Ausserdem bieten die Predigten erstaunlich viele aufrichtige Einsichten in die Natur der Kirchgemeinde Lausen mit all ihren Stärken und Schwächen, Triumphen und Problemen. Die eigenen Herausforderungen und Fehltritte werden weder verschwiegen noch kleingeredet.

Etwas jedoch wünsche ich mir für die Zukunft: dass noch mehr von Jesus gepredigt wird. Fairerweise muss man natürlich feststellen, dass es sich bei den gesammelten Predigten in diesem Buch ausschliesslich um alttestamentliche handelt. Erkenntnisse, Einsichten, Tipps, Ratschläge und Reflektionen über das eigene Leben sind (lebens)wichtig für unser Bestehen und unser kontinuierliches Verbessern und Weiterkommen im Leben. Aber ohne Jesus bringt uns das alles nichts. Er ist der Anfang und das Ende, unser HERR und Erlöser.

Abschliessend möchte ich Dir für Deine Arbeit und Dein Wirken als Pfarrer, Freund, Nachbar, Arbeitskollege und Vater in Lausen danken. Dein Säen und Investieren in diverse Personen innerhalb und ausserhalb der Kirchgemeinde ist ein Segen für viele und eine Stärkung für Gottes Königreich!

Darius Ramstein,

Sydney, Australien, 4. September 2011

Printed by Books on Demand GmbH, Norderstedt / Germany